欲成就经典，必先自成一格。

Marguerite Duras à 20 ans

20岁的杜拉斯

情 人

［法］玛丽－克里斯蒂娜·让尼奥 著　　易艺 译

清华大学出版社
北京

北京市版权局著作权合同登记号　图字01-2017-5744　号

Marguerite Duras à 20 ans : L'amante by Marie-Christine Jeanniot
© éditions Au diable vauvert, 2011
Simplified Chinese edition arranged through Dakai Agency Limited
ALL RIGHTS RESERVED
EISBN: 978-2846262866

图书在版编目（CIP）数据

　20岁的杜拉斯：情人 / （法）玛丽-克里斯蒂娜·让尼奥著；易艺译. — 北京：清华大学出版社，2020.1
　　（他们的20岁）
　　ISBN 978-7-302-53145-6

　Ⅰ．①2… Ⅱ．①玛… ②易… Ⅲ．①迪拉斯（Duras, Marguerite 1914-1996）—生平事迹 Ⅳ．①K835.655.6

　中国版本图书馆CIP数据核字(2019)第115549号

责任编辑：纪海虹
封面设计：嘉荷x1　夏玮玮
责任校对：王荣静
责任印制：沈　露

出版发行：清华大学出版社
　　　　　网　　址：http://www.tup.com.cn，http://www.wqbook.com
　　　　　地　　址：北京清华大学学研大厦A座　　邮　编：100084
　　　　　社 总 机：010-62770175　　　　　邮　购：010-62786544
　　　　　投稿与读者服务：010-62776969，c-service@tup.tsinghua.edu.cn
　　　　　质量反馈：010-62772015，zhiliang@tup.tsinghua.edu.cn
印 装 者：北京嘉实印刷有限公司
经　　销：全国新华书店
开　　本：125mm×180mm　　印　张：4.75　　字　数：57千字
版　　次：2020年1月第1版　　印　次：2020年1月第1次印刷
定　　价：29.00元

产品编号：073188-01

与年轻时的你相比，
我更爱你现在饱经沧桑的容颜。
生命不停地流逝，
瞬息之间一切就都太晚了。

——杜拉斯，《情人》

1933 年 10 月 3 日，法属中南半岛西贡（今越南胡志明市）的港口。19 岁半的玛格丽特·多纳迪厄倚着"波尔托斯号"的栏杆，最后一次凝望故土的河岸和那因季风雨的到来而上涨了不少的黄色湄公河。在哀怨的轰鸣声中，这艘长达 160 米的船缓缓驶离了码头。那时，法国航空公司刚刚成立，但是飞机突兀的起飞似乎并不适合她的这次"重生"之旅；相反，乘坐这艘与大仲马创作的《三个火枪手》中的主人公之一——波尔托斯同名的船，是一种对文学的支持，也更符合志在征服巴黎的这位年轻从业者。7 月 12 日那天的颁奖典礼上，这位用自己的母语安南语注册的哲学班毕业生并未摘得荣誉，但这无所谓，反正她已成功通过了高中毕业会考——当时鲜有女性能获得大学入场券。玛格丽特·多纳迪厄已经选择好她的作战武器：文字。50 年后，成为玛格丽特·杜拉斯的她，在最畅销的小说《情人》中如是回忆道："我想写作，这一点早在之前我就对母亲讲过，我告诉她：我想做的就是这件事——写作。我第一次提起时，母亲并没有回应。后来她问我：你想写什么？我说：写几本书，写小说。她冷冷地说：等你通过数学教师会考后，如果还想写，我不会再管你。她是反对我写作的，认为这没什么价值，也不算是工作，而是胡扯淡。后来她还说过我的这个想法未免太孩子气了。"

那天，她背负着青春的痛苦，启程去征服独立。手提箱里还装着跳舞时要穿的裙子。她对巴黎这座"光之城"满怀憧憬，上学年时，她与母亲和兄弟第一次来巴黎，并逗留了几日，这令她初尝到巴黎的文化生活和自由的滋味。在西贡的海运码头上，除了母亲玛丽沉重的身影和一位年轻寄宿生，以及她亲爱的二哥保罗外，玛格丽特是否还瞥见了记忆中某个人的身影？那位年轻男子羸弱的身影令她久久无法移开视线。"情人"的本尊藏在黑色（那是富人阶层的象征色）的莱昂－博来轿车里，他的身影几乎无人察觉，但却深深地烙印在她的记忆里。玛格丽特上次启程离开是在 1931 年 2 月，那时，这位安南人就在码头为 15 岁的她送行。这位约 3 年前相识的男子令她难以忘怀，现在又再次浮现。多年后，就在她 70 岁时荣获的龚古尔文学奖的小说末尾，重新勾勒了对他的这段回忆。

那时，玛格丽特是脆弱又孤独的。船被拖船驱动着驶向大海，微风拂起，披散在肩上的长发飞扬起来——她直到 23 岁赢得独立，方才剪短秀发。这位年轻女孩满怀憧憬，驶向她有所钟爱的职业，她要捕捉成千上万种七彩斑斓的生活回响，通过文字来折射现实。她有的是时间，26 天的行程才刚刚开始，在这期间，她将会慢慢变老，看起来不再像那个来自"白人无赖"家庭的女儿——那是她旧时的模样，如后来在《情人》中描写的那般。

离开这个殖民地对她百利而无一害，重工作轻面子的教师家庭仍流于外籍资产阶级的边缘。但是对于争取高等教育的年轻女子而言，能够在法国首府崭露头角，而不再是乌托邦式的梦想是有百益的。作为教师的母亲——玛丽·多纳迪厄让自己的女儿入读西贡的夏瑟鲁普-洛巴中学，而不是继续留在中专（自己过去的学历）不参加高考，她也是想有朝一日女儿能出国留学。若不跨越重洋返回大都市，就没有可就读的大学。玛格丽特·多纳迪厄恳求母亲给她自由，在那个时代，21 岁才成年。母亲最初是拒绝的，后来才答应。玛格丽特下定决心享受生活，庆幸母亲至少为她筹划过未来。

她从母亲那里继承了坚韧、勇敢、倔强。上船前，两个女人不可避免地再次起了冲突，这对她们来说已是家常便饭。母女双双顽固、倔强、盲目。玛丽从不晓得以女儿期望的方式表现母爱。她们如此相像，可又如此陌生。玛丽·多纳迪厄认为，三个孩子中最小、最有天赋的女儿玛格丽特的写作梦是毫无意义的玩笑。

在船上，这位年轻女子欢心雀跃。这艘船就像是一座漂浮的、始终属于亚洲白人世界的城市，在两个不同的世界间灵活地游弋着、过渡着。在这个类似街道、酒吧、沙龙的船上，遇见热情的陌生人，玛格丽特感到自己已身在法国。这里还有大献殷勤的男子，那个时代的女性往往没有真正旅行的机会，因此这是幸运的邂逅，并会恣意坠入爱河。

玛格丽特在海上漂游着，她知道此次旅程一去不复返。她感受着得来不易的、全新的、完整的自由，虽然一直缺乏母爱，但母亲的容貌却久久萦绕。她很少看到母亲开心的模样，除了在她 2 岁、8 岁和 17 岁三次与家人同乘此类游轮的时候。与玛丽·多纳迪厄共处的最后几周时，这位越南土著学生们的女教师方才守得云开见月明。这段回忆不断在她的脑中回放：在西贡高档中心区新买了住宅，漂亮、宽敞，而且就在她任职的高中附近。在此之前，多纳迪厄家曾在混乱中几次搬家，从西贡到河内再到柬埔寨（法属殖民地中南半岛的一部分），这几次临时搬家或是因亨利·多纳迪厄的工作调动，或是因玛丽成为寡妇。玛格丽特在 7 岁时，父亲就因贫血和痢疾去世了，享年仅 49 岁。他于 1921 年 4 月离开家人去法国疗养，从此便再没回来。因殖民教师的身份背井离乡，始终是这个家庭的特色。在玛格丽特的父亲去世后，这个家庭进一步落于社会边缘。孤独、雄心勃勃、热衷于工作且贪婪的玛丽·勒格朗，曾是加来海峡省弗吕日的农民，尽管她渴望成为殖民地公务员，但还是从杜埃师范学院毕业后当了老师，进入小学体系，负责教当地学生。亨利在 1917 年 5—11 月担任西贡夏瑟鲁普 - 洛巴中学的教师，随后又任职河内保护国中学——这是整个中南半岛中学里学生数量最多的一所——的管理岗位，但他所负责的是越南本地人的中专教育，这让他过于独立的思想和虚弱的体质不堪重负，从而未能使家人在中南半岛的白人社会中立足。因此，玛格丽特从未真正融入同龄白人的圈子。即使在入读西贡高中后，她依旧没什么朋友，还被种植园主的孩子欺负。因此，她只习惯与家境一般的人来往，如与小学教师地位相同的邮政或海关人员。

与保罗和母亲共同度过的一年，会成为她生命中最美好的时光，20世纪40年代初，她在笔记本中如是倾诉："我的母亲对我这个不太讨喜的女儿习以为常，但在这一年里很可能萌生了怜爱。之后，她将我抛于脑后。长兄便再次成为她唯一的孩子。我知道，因为大哥不在，她才接纳我的。她对此浑然不知，我则明知如此，却依旧爱她。"年轻的玛格丽特明白，在抵岸时，她将不再是以前那个自己；19岁的年华，在几夜间，将化为另一种重量，压在她肩上。她感觉得到"船上乘客游离不定的灵魂"，陶醉于"神秘的水域"，那是在1914年，她出生那年，费尔南多·佩索阿在世界另一头谱写的歌谣。

她预感到自己还远未摆脱这位贪婪沮丧的女人，即使曾经赋予她生命，亦用绝望与孤独编织了她的童年。这个女人对她管教严厉，体罚尤甚——只要她还记得——却忽略了真正的教育，令她感到被遗弃、被孤立，必须为生存奋斗，同时令梦想灰飞烟灭。当然，玛格丽特仍需温暖的母爱来助她成长，哪怕只有一点儿。她总后悔没有榜样，因此书中描写的尽是风流女子——从安娜·戴巴莱斯特到安娜－玛丽亚·斯塔特——在梦中以各自的方式引诱和安慰她。

矛盾的是，相较温暖的亲情，这对母女间的服从关系反而令分离更加复杂。50 多年后，玛格丽特仍会提起："我仍是这家人，这儿令我与世隔绝。在这种苛刻、严厉、充满恶意的环境中，我才觉得最深的安慰是我自己……"（《情人》）

半夜，在这次或另一次旅程中（至少她在《情人》中如此重建），一位同龄男子投海自杀，这令她颇为震惊。这具尸体，被大海吞食，是否可以是她的？可以这么认为，因为在她的笔触下，那位因失恋而绝望的女人，失去了堤岸的情人，在痛哭后一头扎入水中。无论如何，这次投海自杀引起了她的共鸣，触动了她的心弦。多年之后，在她的著作中按照时间顺序重建了这些真实事件。《情人》面世 3 年后出版的《物质生活》中，她再次将船上年轻人的自杀，与失去莱奥，所谓的中国情人，结合在一起："无疑就是在听说这个年轻人在海上自杀时，我才猛然发觉，离开他后，我仍然爱着他。"她的目光刚离开童年的故土，便已开始将之谱成一首诗，虽然再也不会回去。她爱这片水泽热土，当地的语言是童年特殊的音乐。她任由这些气味、音像、希冀与痛苦在记忆深处沉淀发酵，终有一日将之释放，重新赋予它们生命，重新将其创造。

　　她只在 1931—1932 学年初尝了巴黎的味道，她激动地憧憬并回忆着：剧院、溜冰场，还有殷勤送花与约会的恋人，后因男孩被父母送去英国戛然而止。

这对恋人逾越了当时社会所能容许的界限——她怀孕了，男孩的父母支付了堕胎费用，她甚至无须跟母亲提起，不能留下任何蛛丝马迹。

因此，19 岁的玛格丽特早已远离天真。她开始自力更生，历经爱情之苦。面对爱情，她既渴望又恐惧、怀疑。爱情与写作，将共同成为她生命中的伟大事业。在头等舱（由殖民政府出资购票）的甲板上，两场冰球游戏之间，她便开始与同在头等舱的朋友罗杰·蒙拉于克调情。这次恋情只会持续到旅途终点。虽然后来他们往来了几封书信，但仅此而已。不过，那依旧令人陶醉。即使爱得不深，但玛格丽特喜欢魅惑。

此次旅途中，这个女孩已改变了面貌，并将这种面貌一直保持到她 25 岁的时候："衰老的过程是冷酷无情的……这样的面貌，虽然已经成了新的模样，但我毕竟还是把它保持下来了。它毕竟曾经是我的面貌……"（《情人》）一年前曾在巴黎遇见过她的人多半认不出她了。1931 年？那似乎已是 100 年前了！1933 年 10 月 28 日，这个女孩终于抵达巴黎，在站台上等候她的大哥皮埃尔，看到的是一副气宇轩昂、心花怒放的新面貌。

这真的是她？浓密的黑发编成辫子，梳成发髻，固定在颈后。细致的发线，突出的宽额，弱化了看似好吃的朱唇和目光中流露的讽刺。她很矮，非常矮，身材苗条。而且优雅。得翻看家庭相册才能相信，这位不到 20 岁的柔弱红颜是 20 世纪 80 年代大名鼎鼎的杜拉斯，那个年代的她为了掩饰自己的身高，穿着她在《物质生活》中称作的"M.D. 制服"——高领毛衣、格子裙、短筒靴和大方框眼镜。皮埃尔认出了这对曾会那样一言不发地观察他的双眸；他明白那目光中的沉默与讽刺。在中南半岛与当地居民一起生活的那些年，无疑在他的妹妹身上留下了印记，令她拥有动物般的敏感。他从不服从学校规定，且未在巴黎取得任何学位，而是被认为在自学，他总嫉妒妹妹比自己聪明，两人的差距明显，而且更糟的是，他们的母亲还承认这点。作为没人爱的孩子，玛格丽特明显的忧伤并未在他心中激起丝毫怜惜之情。这反倒让他想用暴力击溃她，以确保自己作为兄长的特权。

1932 年，在旺夫的公寓里拍摄的一张照片中，这位头抹发膏的年轻人像鲁道夫·瓦伦蒂诺般，靠着妹妹坐在椅子扶手上；他的目光游离涣散，似乎想要逃离。但就只消凑近看，便会发现他的手臂并未搂着妹妹的肩膀，而是放在椅子扶手上，这个女孩直视的目光带着无声坚韧的疑问，引人猜测两人关系的复杂性。那天上午，在码头站台上，玛格丽特须努力抬起头才能看到比她高得多的大哥。那副踌躇满志的面庞在她眼中却呈现出惊人的美："大哥的俊美是我从未见过的……带着浅黄褐色的朦胧绿眼，令人难以形容……"（《战争笔记》）她想直视这双眸，而他却极有可能被明亮、入木三分的目光惹恼，于是选择了回避。他是否看到了她钦佩、焦虑、惶恐的痴迷？作为母亲玛丽的爱子，他自恋不已，固执己见地坚信存在的真理是：占有，享受。他认为这才是生存的关键。童年时，他便向母亲断言："除我以外，你的其他孩子都是废物！"这至少是玛格丽特在德军占领时期记录在"玫瑰色大理石纹笔记"中的话。他像家里的小头目一样，吃的总是一盘菜中的精华部分，恬不知耻地抢走弟弟保罗和妹妹口中的面包。这一切，玛格丽特都记得。尽管穿着双排扣西装，打着完美领结，改变了殖民地无业游民的狼狈形象，但她发现皮埃尔还是那个皮埃尔。这个皮埃尔还是会打她，跟从前一样："每次，当我以为哥哥会杀了我的时候，便不再感到愤怒，而是恐惧我的脑袋脱离身体，滚到地上，或是变疯……"（《战争笔记》）为了长大，她不得不屈从于家庭秩序，从中变得强大，融入进去，并通过写作在这种囹圄中另谋出路。"他对我的殴打与凌辱就是他的灵魂，没有尽头。他总是伸张不公平的'极致'，无人能够超越……"1943 年后，她鼓起勇气在秘密笔记本中如是写道。

玛格丽特在月台上想，自由的翅膀是否很短？在烟雾和旅行者的聒噪中，她在阔别一年后再次见到的仍是这个爱欺负人的皮埃尔。母亲给大哥续租了旺夫雨果大街 16 号公寓，并要她住在那儿。时间不会太长，这个女子多半自忖道。大哥的行为像个无赖？现在轮到她在大都市征服父母在中南半岛所缺失的荣誉与财富。她肩负着母亲的期望，因此，当高中毕业会考结果公布时，喜悦的泪水不禁涌了出来。她佩服皮埃尔这个赌徒，居然能肆意散尽不属于自己的钱财，因忙于小桩毒品走私和性交易，而顾不上工作。

1933 年秋的巴黎，虽然发生了巨大的政治动乱，但并不令她担忧。这反倒令她着迷。吸引她的并非城市边缘，而是城市核心。时下的氛围无碍，巴黎的私生活令她眼花缭乱。在这座繁华的都市里，玛格丽特·多纳迪厄嗅不到一丝战争的硝烟。相反，她嗅到了，她想要构建的生活。然而，历史的进程正在加快。1933 年 6 月，就在她抵达巴黎前不久，欧洲反法西斯大会在普莱耶尔音乐厅召开，并于同年 8 月成立了国际反战反法西斯委员会。1933 年 1 月 30 日，希特勒当选德国总理。同年 3 月 5 日，他的党派——德意志民族社会主义工人党，赢得了 43% 的选票，并于 7 月成为了唯一执政党。紧接着，经 1933 年 11 月的公民投票表决，希特勒轻易使德国撤出了国际联盟和裁军谈判会议。德国不再是民主国家。玛格丽特可能没看到报刊亭的《晨报》（阿道夫·希特勒总理，在接受此报采访时表示，萨尔地区回归德国后，不会再有任何冲突）。即便读到，也可能跟当时所有人，或几乎所有人一样信了这位疯狂致力于和平的人，怎料有天和平会结束。"我仍相信希特勒对和平带有一定诚恳的愿望。我从他的演讲中能够感受到时而真诚的语气，让我不禁为之动容，"罗杰·马丁·杜·加尔当时在他的信中写道（1933—1936）。

并非所有人都一样麻木。那个时期，犹太人陆续从东欧、奥地利、德国逃到法国（1940 年有 34 万犹太人，其中三分之二是外国人，而 1939 年则有 30 万犹太人，这一数字是巴黎人口的 4%，法国人口的 0.75%），从而使巴黎的人口数量激增，仅次于美国纽约和波兰华沙。当时的巴黎成为了流亡者的文化之都。1933 年 5 月 10 日，纳粹在柏林烧毁了犹太作者的书籍。1933 年 1 月起，犹太作者约瑟夫·罗斯和家人一同在巴黎的酒店避难。玛格丽特是读小说长大的——尤其是德利①——还有少许斯宾诺莎和《圣经》，因此可能不认识约瑟夫·罗斯。1934 年，后者在布拉格报纸中恳求国际联盟宣告一切人类种族享有自由和平等权利，并剔除一切与之背道而驰的国家——从第三帝国开

---

① Delly 是一对姐弟作家的共同笔名，姐姐是让娜－玛丽·珀蒂让·德·拉罗西埃（Jeanne-Marie Petitjean de La Rosière），1875 年生于阿维尼翁，弟弟是弗雷德里克·珀蒂让·德·拉罗西埃（Frédéric Petitjean de La Rosière），1876 年生于瓦讷，他们是通俗爱情小说的作家。——译者注

始——通过扫除民族自豪感的观念，赋予每个民族尊严。她可能也没读过反殖民主义者安德烈·马尔罗的著作。1924年的时候，马尔罗在中南半岛度过，并在1933年时，凭借作品《人类的命运》获得了龚古尔文学奖，这部小说描写的是蒋介石率国民党进入上海前夕，上海革命者的起义。的确，20世纪30年代初以来，共产党在中南半岛揭竿而起并未触动玛格丽特的心弦，她对当时的政治并不感兴趣。她在大学读的是法律和经济专业，尽管传言说她是巴黎自由政治科学院，即后来著名的巴黎政治学院的学生，但并非如此。她学的是政治经济、银行组织、一般价格波动，圣西门、傅立叶、蒲鲁东、路易·勃朗、卡尔·马克思的思想，主要商法以及法院的职能等。渴望写作的她并不屑于做文学研究，多年后，她在《电影手册》中称："如果我是在索邦大学或其分校，或巴黎高等师范学院学文学，那就永远不会成为作家。我会成为研究作家的文学教授，只消看看社会上毫无新意的作家，所谓的

brodo[①]。"她是否联想到了西蒙娜·德·波伏娃?

在旺夫雨果大街 16 号,推开 8 楼公寓的门,玛格丽特回想起第一次高中会考那年。那时,由于已离开祖国,她不得不中断学业。玛丽·多纳迪厄在仓促中启程,赶赴法国西南部解决家庭事务(与两位继子分割亡夫遗产),同时心牵在大都市"浪"了数月的大哥。皮埃尔吸食鸦片成瘾,债务缠身。他的母亲曾希望通过函授课程,让他习惯工作。至于玛格丽特,她则认为这个女孩能适应一切。

所到之处,玛丽都会拍照,这是她的狂热爱好,为了记录自己孩子的童年。在底片上,玛格丽特像个悠然自得的小狐狸,玉颜粉饰,笑靥如花,泰然自若。1931 年 11 月 6 日,她在日记中写道:"我去参加了舞会。今夜我美丽动人,倾倒众生。"她不断发掘、验证、

---

① 意大利语"肉汤、炖菜"。——作者注

施展这种魅力。这个小女儿，在准备第一部分考试时，意识到了一个不争的事实，帮助母亲的责任落到了她肩上，在她眼里，母亲怀才不遇，命途多舛，是全世界的受害者。而在那年，这位母亲毫不犹豫地送女儿入读十六区奥特伊教堂附近的私立学校，那是一所科学教育学校，费用不菲。玛格丽特坚信，得由她来拯救家庭。她默默无闻，却卓有成效。贵族学校的同学大多家境优越，其中有位叫勒科克的男孩让她领略到了这座都市的欢愉。他时常送花、送钱和剧院门票给她和她的母亲，直到他的父母为了拆散这对鸳鸯，命他到英吉利海峡的另一边去。多年后，玛格丽特·杜拉斯对当时的情况直言不讳："我被迫……不是偷，直白地讲就是要钱。我向同班同学要钱……我知道他们很有钱……然后当警察赶到后……他们什么也没说……但他们仍发现是我……而且没任何人反对……做此种事令我窒息，但我仍是做了。"她指的是什么？与勒科克之外的人偷情，为了获得小恩小惠？同样是为了获得报酬的爱抚？若不是发生了戏剧性事件，怎会有媒体报道年轻人之间没多大新意的小交易，就像当今一样？无从得知。可以肯定的是，玛格丽特感到颇为沮丧。她在小日记本里倾吐道，她愿意为一丝柔情做任何事，她关心去蒙帕纳斯的酒吧寻找皮埃尔的母亲，即使对方冷酷无情，她思索生命的意义、上帝的存在。她于1931年11月12日写道："那晚模糊的想法，获得金钱、汽车、爱情、甜言蜜语、毫不拒绝给你的温存。我的上帝，请让我相信您会赐予我一丁点儿的柔情与爱。"而次日："我拥抱妈妈时，她总像赶烦人的小狗那样将我赶走。……我今晚想要保罗和勒科克来安慰我。我很伤心，除了他俩外，没人关心我。真的，要知道，妈妈，我可怜的妈妈，是真的不爱我。其他人则只爱我的色相与才智。"还有："妈妈久经磨难，以至于她都没意识到自己说的。她对我恶语相向。但我很平静，太平静了。……我每天都会带些东西给她，让她高兴。我对她百般照顾（花、咖啡、食物、糖果），她却仍说我什么也没做，比那些游手好闲的人还不如。我还能怎么做？"

当时的确发生了戏剧性的事件，但却是不为人知的。在封闭缄默的家庭氛围里尤其如此，女高中生"赚"的钱，还是被皮埃尔偷了，因为她在日记里清楚写道："我们住在法国时，大哥养成了这个习惯，于是我再次开始与高中男生做这种交易，每天晚上挣点零钱。之后，他还打我，说我被人包养，要我吸取教训，声称这样做是为了我好。"（《战争笔记》"玫瑰色大理石纹笔记"）"我从未私吞过一分钱。一切都是为了母亲或大哥……毫无保留。甚至连一块巧克力都舍不得给自己买。所以我并非利欲熏心。"（法国当代出版纪念协会档案）

这位 18 岁少女与讷伊男孩们的"交易"，让人在读作家玛格丽特·杜拉斯的著作时——包括《死亡的疾病》或《坐在走廊里的男人》——不禁联想到她眼中的纵欲、金钱与暴力是密不可分的。将最私密的存在委身他人——甚至且尤其是陌生人；在稚嫩的脆弱之中容纳他人的身体，这是"窒息、强奸、虐待、侮辱"（《死亡的疾病》）；他人的欲望，正因为完全是陌生人，才激动人心，因为"他在夜里勃起的阴茎蠢蠢欲动，寻求释放其内充盈的泪水。"陌生人行动并猎获；若他给予"补偿"，那就是通过金钱。就好像她有这种毋庸置疑的需求，必须通过金钱才值得做，就好像只有通过某种形式的卖淫，才能使她的女性身份显得合乎情理。

似乎在 1933 年底，她逃到了乐蓬马歇百货公司附近居住，希望能离开仍在蒙帕纳斯区贩毒和拉皮条的哥哥。在题为《树上的岁月》的小说中，她不再隐晦此种罪犯活动，并在《情人》中再次提到，挑明了性交易。读大学前的这段时期，以及早年在巴黎的某些时期，仍相当模糊，而且在成为玛格丽特·杜拉斯后，她也未曾讲明。无论如何，1934—1935 年，她住进了圣米歇尔大道 93 号的国际学生公寓。至少，玛格丽特的确常去这儿的餐厅和当时所谓的"文人圈子"。这儿对于外国女孩而言，是一片宁静的绿洲——1968 年以前不准男生进入——由美国理想主义者，格雷丝·惠特尼-霍夫创建，1914 年战争结束后，她希望在不同国家培养出真正团结的年轻一代。主管是英国人，哈德森小姐，她照顾住宿生并组织集体娱乐、辩论、讲座，鼓励她们去所有宗教信仰开放的前卫祈祷室。这段时期里，玛格丽特最关心的是入学登记和大学生活。虽然她在学生证上的照片只流露出忧伤的神情，但可以想象她哼着当年由雷·旺图拉的管弦乐队演奏的流行歌曲："一切都很好，侯爵夫人！但我必须跟您说，有件小事令人遗憾，一个意外。"其实，她已将战争抛于脑后。战争属于母亲那代人。"我母亲经历过两次战争，加起来有 9 年"，玛格丽特·杜拉斯在《物质生活》中讲述道："她盼着第三次战争。我想她直到死都在盼着，就像我们盼着春去秋来般。她读报纸就只有这个目的……在我们小时候，有时母亲会跟我们演示战争。她将机关枪那么长的木棍扛在肩上，一边唱着《马斯河和桑布尔河》，一边在我们面前踏步走。最后，她总会忍不住流泪。而我们则会安慰她。是的，母亲喜欢男人的战争。"

"一切都很好，侯爵夫人，但马厩烧毁了，城堡化成灰了，侯爵自杀了。"法国正处于万丈深渊的边缘。经济危机爆发，极右派与左派势力之间产生了激烈冲突，从而导致了 1934 年 2 月 6 日的暴力示威。但在这位年轻女大学生的眼里，巴黎仍是座令人向往的城市，是智慧与欢乐之都，年轻富有的安南人由父母出资在此学习，对巴黎无不大肆吹捧。就像她的情人莱奥，对在巴黎快乐生活的那两年记忆犹新。在往返于沙沥小城和胡志明市的渡轮上，莱奥对年轻的玛格丽特说的第一句话就是："您熟悉巴黎吗？"（《战争笔记》）他熟悉；她则不然。因此她脸红了。他从巴黎订购领带，他在女神游乐厅见过约瑟芬·贝克本尊；她则不然。

　　这座城市正与 20 年前尤金·阿杰特镜头下的奥斯曼巴黎渐行渐远，有着骄傲地竖着个性招牌的简单店铺："招牌菠菜"，玛格丽特很快便找到了自己的品牌。她的必经之路？基本包括法学院、先贤祠广场，还有仅最初几周位于圣雅克街上的数学专业课。那是为了安抚期望她能成为数学老师的母亲，因为她的父亲在获得自然科学学士学位及农业学专业文凭后，当过一小段时间的数学老师。她从未参加过数学专业的任何考试。在注册登记时，她还记得依次制订的家庭计划。首先，她的母亲和大哥皮埃尔想让她成为教师、律师、医生、报社社长或考察员。"我并不同意，"她在"玫瑰色大理石纹笔记"中写道，"直到 15 岁前，我的梦想是成为空中飞人或电影明星。""让你做什么就做什么。"母亲说道。以优异成绩获得小学毕业证后，她在读"中专"时成了坏学生（1833—1941 年，这是在获得毕业证后，小学与中学之间的补充教育，毕业时获得初级或高级证书，旨在为师范学校输送生源）。直到 15 岁时，她仍觉得学习既无趣也无用。比起教学内容，她对教师的为人、谈吐与外表反而更敏感。除了她最爱的数学课——多半源自记忆中父亲被夸大了的数学水平——有时还有法语课，她在这科得过高分。英语课则有时将她逼到了愤怒的边缘，她选择逃课，有时一连好几个星期如此。这是个野孩子，她在上高中之前几乎没有与欧洲青年打过交道，除了年幼时期，也没有朋友，只有不吝侮辱她的家人为伴。"辱骂是我家的诗歌，"她在笔记本中写道，此外，还有家人那难以抑制的狂笑。她把自己形容成讨厌鬼、小矮子、瘦竹竿、叫花子，谨慎而无礼，对自身利益与地位也麻木不仁。她感到窒息，看不到未来。她不仅是差生，还很叛逆。一天，她甚至放肆到将书包砸在一位女老师的脸上。这就像如今，初中生在家中饱受压抑，于是在班上受到侮辱便会一触即发。当然，她受到了纪律处分。

尽管如此，母亲仍发现了她身上的潜力，玛格丽

特的聪明令她的两个儿子望尘莫及。她也许能在印度
参加高中毕业会考，然后考虑去法国读大学。而在法
国神父身边待了 4 年的皮埃尔，并未因昂贵的生活成
本换来良好的意愿。至于保罗，读的则是职业学校。
作为教师的后代，这两个儿子却在学校叛逆到了极
点！在绝大部分时候，他们还只是放任自己的孩子。

"我的哥哥们从没上过高中或任何学校，这毫无疑问。
他们住在沙沥，这两位 17~18 岁的青年无所事事的样
子无法为任何学校所接受，当然除了我们自己。我们
并未尝试为他们找借口，"玛格丽特在回忆录中写道。
玛丽·多纳迪厄身陷破产时，毫不令人意外，因为这
位女教师想在暹罗湾旁完成农民家女儿的宿命，以此
来发家致富（她的女儿在《厚颜无耻的人》中，借塔
内朗夫人之口说道："那些拥有土地的人是多么幸福
啊！"），她将关注点重新放到最小的孩子身上，并
用与生俱来的精力下定决心，让女儿获得文凭。至少
一个文凭！这个女儿不是擅长拼写吗？总之，这位少

女并不难被说服，因为母亲顽强地想为子女的物质生活提供保障——就好像那是唯一要素——玛格丽特从中提取了一点，并将之写在了《情人》中："并非为了做到什么，而是为了摆脱现状！……"她已觉察到母亲的目光，她，也许会摆脱现状！玛格丽特在笔记本中写道："种植园破产后，母亲一心扑在她身上，并决定让她继续完成学业。""……她对这项事业的投入，与对堤坝和房屋建设的投入如出一辙。她说哥哥愚笨，于是不管他，只管我。"

现在，这位女大学生得摆脱"无药可救的穷人心理"，她怪母亲令她形成了这种心理。她想要继续获得成功，正如在高中的最后两年那样。她对口试驾轻就熟，胸有成竹地畅想着走出母亲的那种生活。"每次口试成功后，我就觉得离家庭贫困远了一步。"1987年，她在《物质生活》中写道。因此，玛格丽特在大都市向母亲发去的都是好消息，必须是好消息。"一切都（依旧）很好，侯爵夫人。"她进入了职场，并在仔细考虑后，决定成为教师。

母亲毫无节制地偏心，皮埃尔的侮辱——"废物！""垃圾""肮脏的妓女！""婊子！"——她在家里如此卑微的地位，难道已抛于脑后？表面如此而已。她仿佛突然感到，被多年来一直抗拒的暴力所玷污，如今 20 岁的玛格丽特似乎将之作用于自己。1934 年的生日，从此衣着无可挑剔的年轻女子，决心忘记母亲身穿的无形长袍——"我的连衫裙像是一些口袋，它们是我母亲的旧连衫裙改的，它们本来就像是一些口袋。"（《情人》）——决心忘记曾赤脚穿过的黑漆皮鞋，忽然从传记作者的视野里消失了。就像为了喘口气，她从舞台上消失了一会儿。有人说，她加入了救世军去济世救贫了。但毫无证据。相反，她难道未曾得到过救世军的庇护？用任何服务来换取住房、分汤、慰问孤寡老人、支教？后来在成为共产主义激进分子后，她所投入的精力反映的同样也是救济所需。她过去的所有上司如今皆已辞世。无论如何，在地方保护机构寻找廉价住所，完全符合这位身无分文的女子想要逃离残暴苛求兄长的需要。对她而言，这难道不是逃离窘境的唯一出路？单身迷惘的年轻女大学生一时的无所适从并不令人费解。"为什么选择救世军？我不知道，当时的气氛令人窒息。"在存于法国当代出版纪念协会的对话录中，她如是说。她加入救世军的初衷便不再重要。

让玛格丽特想要活下去的理由，除了利他主义和尽情享受大学生活之外，似乎还有她那最初因堤岸情人而唤醒的欲望。"莱奥的欲望蔓延至我体内，唤醒了我的欲望……当他跟我说爱我时，我感到某种慷慨激荡汹涌而来，让我不由得合上双眼。"（"玫瑰色大理石纹笔记"）被需要的感觉赋予了她新的能量，令她忘却青春期的伤痛。"我想有人听到我的喊叫，"后来她在《否决之手》中写道。莱奥听到了她绝望的苦楚，虽然玛格丽特多半不愿告诉他自己被虐待的细节。这是周围寥寥数人中，唯一对她感兴趣的。是什么驱使了这位 14 岁半的女孩开始这段交往？她需要被人赏识、被人关注，需要有人听她所述、猜她所想。

在青春年少的玛格丽特眼中，莱奥富有，因此为了摆脱贫乏的梦想，她将此次邂逅视作个人救赎的工具。这是在获得独立的力量之前，奠定基础的手段。获得认可并证明魅力让她树立了信心。她的胴体与嗓音是最大的诱惑。她享受如此轻松的取悦，以至于混淆了爱情与欲望，而且后来，她会相信激情冷却，爱情已逝。

　　或许在堤岸的单身公寓里，玛格丽特已决定接受肉体之爱——而且并非如此不堪——这让她进一步与自我和解。20 世纪 40 年代，她在《战争笔记》中写道："我喜欢欲望，我觉得那是万能钥匙。"透过莱奥的目光，即使这是个被母亲和大哥嘲笑的男人，但仍是男人，这位少女摆脱了过去始终"一成不变的内疚状态"。（《战争笔记》）因为在重男轻女的母亲眼中，她是有罪的存在。小玛格丽特在莱奥眼前重获姿态与身段。

　　正是通过这种与肉体的和解，她才得以摆脱家庭，获得自由。为了让贫苦的家人享受生活，并让她探索色彩斑斓的生活，她承受着被边缘化的羞辱，谦卑地接受了个子比她还矮，被白人鄙视的本地人。他是她的磁石与钥匙，将她推至自由的大陆，大洋的彼岸。正是这种灼热、不停歇、深不见底的欲望，令她在后来的岁月里沉迷于酒精，不可自拔。

可能在男人的怀抱里，即便转瞬即逝，即便是陌生人，她才感觉得到活着的理由，因为如此震撼的快感抹去了压抑的痛苦，仅此而已。1987 年，她叙说道：在 16 岁那年，实际上那时的她还要大一岁，在中国情人之后，多半就是在她第一次高中会考那年，她坐在一辆开往旺夫的夜班火车上。母亲与两兄弟都在同一节车厢里，另外还有两个人，其中一位是大约 30 多岁的陌生男人。她穿着夏裙和凉鞋，皮肤带有从殖民地回来的那种异域色彩，猫一样的眼睛在黑暗中发光。男人主动攀谈，她接上话，其他人都睡着了，在列车轰隆声掩护下，他们互相爱抚。她躺在长椅上，小心自己的一举一动，但又大胆，为了快感，"到了

巴黎，我张开眼睛一看，他的位子空在那里。"（《物质生活》）

这次在巴黎，在这个令人无法抵挡的世界里，她总算受到了关注，她的那对杏仁碧眼引来了男孩们的公然欣赏，这令她目眩神迷。获得关注，两厢情愿，总令她兴奋得颤抖和忘我。她从未有过任何道德或宗教束缚，尽管母亲让她学习教义，并时而与家人一起参加主日弥撒，因此树立新原则与坚持主要原则并不相悖。她无须像让 - 保罗·萨特和波伏娃那样（他们于 1929 年相遇）创造"革命性"原则，仔细区分"必需"之爱与"偶然"之爱，并拒绝任何形式的婚姻。玛格丽特并未制定理论，她脱颖而出，只是在征服着，生活着。对她而言，不存在不道德，不忠是自然的。她随心所欲，迎合欲望。"……因为做爱，认真做爱，并非重复，而是在尚不可替代的新鲜陌生个体中，发现独特的欲望。"（《外面的世界 2》"情人们"）

当时，避孕难以实施，女生一般更为保守。在男生数量比女生多十倍的大学院系里，遇到一位轻佻女子实为幸事。这位在同胞眼中具有东方神韵的漂亮姑娘，丝毫没有克制引诱异性的本领。这是因为引诱具有实用性，据说，教授无法拒绝她的任何要求。而且，这位性感的女大学生时而会利用自身魅力获得感情之外的回报。年轻的玛格丽特·多纳迪厄是否像当年在旺夫读高中时那样，再次卖淫？无论如何，这是轻而易举的事，而且能悄悄进行。母亲不会给这个"讨厌鬼"汇多少钱；1934 年，来自西贡泰斯塔尔街的膳食费尚未全面落实。给她的汇票从始至终都是寄给大哥皮埃尔的。这是首要原因，也可以说是客观原因。还有另一个源于过去几年的更深层次原因：玛格丽特的童年沉浸在暴力里，不仅是言语和身体暴力，还有性暴力。母亲虽然打得没皮埃尔重，但从未保护她不受其他人的觊觎。就算在她年龄很小的时候也如此。在玛格丽特 4 岁到 6 岁的时候，河内一名 11 岁的本地学生就猥亵了她，玛格丽特感到被玷污了，她随即告诉了母亲，母亲只将男孩送走，没有任何解释。当时，她是什么反应？只有在 68 年后，这个往昔的孩子才勇敢地直面了这段被埋葬的回忆，并把它写了下来："被人猥亵的我成了不光彩的东西。"（《物质生活》）其他时期，亦存在其他暴力。有次是发生在中学时代，她住在 C. 小姐家中，后者将化身为小说《巨蟒》中的巴尔贝小姐。每周日下午，这位空虚的老处女，借口同情她患了癌症，让玛格丽特露出乳房，赤身裸体，好仔细观察，以满足自己的观淫癖。性无疑在这位女孩心里烙上了冒犯与侵犯的印记。还有乱伦——大哥除了对她拳脚相加，很可能还想要如此；而与亲爱的二哥，比她大两岁"小保罗"，多半也有过这样的行为。1981 年，她将这种爱写成了戏剧——《阿加莎》。

"我认为是阿加莎发现了乱伦，他是不会这样做的，他无法发现乱伦。"（《外面的世界》）她于1981 年 6 月 12 日写道。这是为他这个虚弱的男人开脱的方式？"阿加莎这名小女孩无法比拟的力量，正体

现在此处。"她继续道:"她发现他们相爱。阿加莎
与哥哥是爱情终点的牺牲品,这就是我所说的幸福。"

1991 年,她在《中国北方的情人》中再次揭示了
这段从未逝去的爱情,尽管保罗不在身边,而且后来
与世长辞,但似乎反而在她的记忆中绽放——"我们
一起去河边的森林中打猎。总是我们两个人。后来又
一次,事情发生了。他来到我的床上。我们兄妹之间
彼此是陌生的。我们还很小,也许只有七八岁,他来
了一次,以后每天晚上都来。一次被大哥看到了,他
便打了小哥哥。"

她坚持认为,这种乱伦是种天性,它愚弄着各种
形式的爱情与欲望。在阅读她的作品时,人们会觉得
她的母亲是暗中的共谋者,是作淫媒谋利的女人,我
们试图消化这个虚假的秘密:"他们一样虚弱,眼睛、
皮肤,一样的白皙,"杜拉斯在《阿加莎》中借"母亲"
之口说道。至少可以说这位作者笔下的母亲并未加以
制止,而是对自己孩子间的复杂关系抱以同情。内心

仍是小玛格丽特的她，是否通过与保罗的乱伦，意在获得被大哥独占的母爱？

仍是这位母亲，间接向女儿展示了唯利是图的道路。在杜拉斯的笔下，这是屡见不鲜的现象。遇到男人时，若发现对方对女儿垂涎欲滴，便会强调这位少女的魅力，同时暗示贞操的价码。她坚持讨价还价。"男人们喜欢你！"这位少女曾不止一次听到，就像所有孩子一样，她信任母亲就像信任仁慈的上帝。另外还因为母亲玛丽想让玛格丽特"安顿下来"，又后悔无法让她嫁入殖民地的资产阶级，所以才在一封写给殖民地管理局的信中影射了潜在的卖淫问题。虽然这只是对政府的威胁，但在柬埔寨的田地被海水淹没前，玛丽毫不犹豫地写道："如果我的堤坝今年无望挡住洪水，那我宁愿把女儿送去妓院，逼我儿子离开，并命人杀了那 3 位地籍办事员！"

对杜拉斯而言，金钱与肉体之爱往往有着千丝万缕的关系。正如在《黑夜号轮船》中讲述的关于一对从未谋面的男女之间奇幻的爱情故事。想象中看不见的女人，通过特异功能和信号联系到了过去从事电信的男人："她用无尽的欲望作为对他的回馈。"欲望有如性命攸关的血液循环。

由于看到母亲在有生之年执着于金钱——安全与自由的必需保障，玛格丽特怎能不将之与诱惑和性联系起来？而且怎会被穷人诱惑？自情人时期起，即14岁或15岁时，莱奥手指上戴着的钻石戒指，开着的黑色莱昂－博来著名豪车，在餐馆掏出的银币——这些代表富有的标志让这位少女的心在对方的关注下怦动，甚至感动。在多次回绝后，她终于委身于对方。她在笔记里说道，在两年的追求后，只跟他睡过一次，并且与这位年轻人的初夜被描述得深恶痛绝："我当时并不知道，前一刻，我的唇还是自己的，现在便已不再是我的唇，我认不出它，忍受着它被强奸、玷污，就像忍受所谓的生命般——我的生命。"(《战争笔记》)她，这个母亲的"讨厌鬼"，为了钱有什么不能做？

但色情性这一写作动机，还待来日方长。玛格丽特在成为杜拉斯后，她曾经的恋爱经验注入充满感性和诗意的作品中，如《直布罗陀水手》或《中国北方的情人》，这让人联想到曾爱过她的最著名与最稳定的"男人们"，即罗贝尔·昂泰尔姆、迪奥尼·马斯科洛和热拉尔·雅尔洛。

她的写作取自对他们的回忆，发自她的潜意识，令她完全投入只属于自己的世界，但在这个世界里，有多少女人，多少充满激情的女读者，会看到自己的影子，或将她想象成自己。

1935 年末，玛格丽特邂逅了一位名叫让·拉格罗莱特的男人。他出生于巴约讷，生日正好在 1918 年停战前一个月，比她小 4 岁，同样来自法国西南部，而且是个孤儿。那时她 21 岁，开始攻读法律学位。让也在学这个专业，以他这个年龄来说算早的了。他与玛格丽特又爱又恨的大哥皮埃尔一样英俊，不过忧郁的气质有点像玛格丽特本人。综上这些特质不禁令这位年轻的女子感到似曾相识。当让感到沮丧时，她让他认识了鸦片，因为皮埃尔的关系，她知道如何获取鸦片。他们相互着迷，相互吸引。她已性觉醒，但涉世未深。他会在这方面令她成熟起来。分手后，他发现自己是同性恋。她在后来写道，对她而言，性取

向与智力并驾齐驱："我无法想象缺乏智力的性行为，以及缺乏某种忘我的智力。"（《物质生活》）

忘我，她在20岁左右时总多少如此。由于她在"不现实"的感觉中长大，现在必须变为成年人，获得心智的独立，庆幸大学生活为她提供了自由与内心的平静，可事与愿违，战火在那时打响了。与让在一起，智力与文化是约会的主旋律。在中南半岛，她接受的文化还是相对贫乏的，除了零星的讲座外，她最爱的就是德利的浪漫小说："我们躺在垫子上，在楼梯下，在房内阴凉处阅读。这也是当她说想去死时，我们哭泣的地方。母亲对我们放任自由，读什么都不管，只要是能读到的，能找到的，我们有什么就读什么。"（《外面的世界》）当她还是西贡的寄宿生时，周末还会去看几场电影。在巴黎，她发现电影多得令人目不暇接。在圣日耳曼德佩区中心的波拿巴电影院里，她如饥似渴地看了无数电影。她看了很多场，两年里每天看两场，源源不断的故事令她大开眼界。这些电影的导演是勒内·克莱尔、马赛尔·卡尔内、让·雷诺阿……
他们懂得诠释生活，令观众笑中有泪。

在这个文字与图像的世界里，拉格罗莱特是很好
的向导。他对写作同样亲密且富有激情，他们常谈论
梦想，那个敢于承认的梦想——出版自己的作品。写
作，他们已这样做了。这是个秘密，一项挑战，可还
敢想，也许有一天，自己的作品会得到出版，这并非
是打诳语。总之，在玛格丽特的作品出版许久后，让
的作品才通过伽利玛出版社得以出版。他的第一部小
说——《最坏的打算》于 1953 年被收入在《白色文集》
中出版。3 年后，他写了《嫉妒的赢家》，也被收入
在同一合集中出版，至此他的作家生涯便草草结束了。
根据时任午夜出版社的编辑顾问阿兰·罗伯－格里耶
的推断，一些批评家认为他是一本新小说的作者。

他们一起欣赏了季洛杜的戏剧，发现了演员乔
治和卢德米拉·皮托埃夫，以及在工作坊剧场表演的
让－路易·巴罗的才华。她观看了安托南·阿尔托、

路易·儒韦、查尔斯·杜兰的戏剧；她通过舞台发现
了伟大的作家：克洛岱尔、易卜生、皮兰德娄，她疯
狂地爱上拉辛。虽然她在中学时代曾反感他的作品，
可如今却沉醉于拉辛诗歌的旋律之中。演员的声音带
出了不同于字面的情感，在黑夜的寂静中浮现。她正
是在黑暗中，有如入室强盗般，一头闯入了文学的世
界："我在夜间阅读，我从未在晚上读过书。……这
个习惯来自我的母亲，她说得在工作时间之外读书。
因此，阅读顶替了午睡，并且后来，顶替了睡眠。"
（《外面的世界》）她后来解释道，总是"在危机中"
阅读。她不会参考当时的舆论和评论。在她眼里，阅
读是场孤独的冒险——必须独自前往自己的"大陆"。
"世上所有杰作皆应为孩子们在废墟中发现，然后背
着家长和老师偷偷读的作品。"大学生玛格丽特既无
家长也无老师。她坚定地将这些人抛于脑后，开始贪
婪地学习、探索、理解。她遵循朋友们的建议，包括
她所信任的让。她仔细品读他所推荐的美国文学——

福克纳、T.S. 艾略特、海明威。即使是法语译本也无妨。"一本书永不止单纯的翻译，而是移驾于另一种语言之上……不是字面上的精确一致……译文来自译者对作品的解读，这个过程与写作一样，总带有个性，这点在任何情况下都应是无法消除的。这是否可与音乐的演绎联系起来？"1987 年 11 月，她在阿尔勒文学翻译年会上正式提出了这个对她而言极为重要的问题。她对此的敏感来自对安南语过早的个人认知，整个童年她都在说安南语。到了法国后，她便抛弃了这门语言，并再未重新拾起。

1935 年底，一个新事物出现在她的生命中，更确切地说是重新回到她的生命中，那便是汽车。玛格丽特唯独对它的热爱矢志不渝，这种交通工具的特别之处在于，它可以将车中人一同或单独关在狭小的空间里（与人们可在内部走动的如社交场所般的飞机或火车不同），并将他们推向别处，到达与起点不同的外界。某种意义上，它就如同母腹。得益于发动机满满的能量，好奇、爱做梦的玛格丽特，总喜欢乘四轮汽车欣赏风景、邂逅。她渴望探索"未知"，想要"品味世界"，正如她在《塔吉尼亚的小马》中创作的萨拉一样，因为放弃了对度假的热爱，作为慰藉，于是和雅克（迪奥尼·马斯科洛）一同乘车去看塔吉尼亚的伊特鲁里亚古墓。

在中南半岛，汽车首先是身份的标志，也是她在家中的标志，因为所有殖民地的移民都有车，她在《战争笔记》中解释道，父母开车接送女儿，因为让女孩单独走在路上是无法想象的。每周日下午，玛格丽特都会单独走出西贡的巴尔贝住家；她漫无目的地走着，没有人可探望，没有存在的理由。"我认为应以一副坚定的样子走在路上，更何况我并不知道自己要去哪里。……路上不会碰到走路的法国人，……因为路上混杂着各种各样的土著，所以法国人是从不会选择走路的。……我走得耻辱。"（《战争笔记》）

然后，当地主的梦想破灭后，玛丽不得不在沙沥就职，这辆车——古老的雪铁龙 B12 轿车——成了回去巡视柬埔寨波雷诺租界的方式。每个周末，他们开着破旧的敞篷车连夜行驶，保罗把枪放在自己的座位上，直到行至堤坝的稻田。这 8 个小时的车程是辛苦的，也是神奇的。在《抵挡太平洋的堤坝》中，这辆旧车将成为永恒，这部小说来自"玫瑰色大理石纹笔记"上的草稿："B12的轰隆声唤醒了所有沿途村庄的狗，惹得它们狂吠。需要一个半小时才能从平房开到拉梅，一共60公里。"有时，母亲会开着这辆老雪铁龙（根据不同版本，可能是1 400银币或4 000银币，分3期付款）来西贡看她，这让她经常羞耻得想要逃走，假装不认识，而莱奥的莫里斯·莱昂-博来轿车则令玛格丽特格外着迷。在这位女孩的眼中，这是荣誉的标志，在接受莱奥的首次邀请，坐上这辆车时（这辆要7 000银币），她忘记了自己终究成了边缘人。这辆黑色轿车并不会像她梦想的那样，令她加入乘坐豪华轿车的中南半岛高官女儿之列，反而会令她渐行渐远，一切已不可挽回。没关系，玛格丽特在这辆车中感到安全，即使"可以称得上是客厅的轿车"（《物质生活》）其实是堤岸单身公寓的前厅，这是公然的耻辱。

这款车还反映了多纳迪厄家庭的个性——拥有一辆车仿佛就是了不起的标志，无论是精神上，还是社会上。仿佛驯服它，控制这辆机器，就能证明自己身体勇猛，如同狩猎般。而且，父亲与爱丽丝·里维埃第一次婚姻所生的雅克·多纳迪厄，是玛格丽特同父异母的哥哥，成为了汽车修理工，就在法国西南部的杜拉斯村附近。保罗，亲爱的二哥，先是机械师，然后从 1933 年起，成了中南半岛银行西贡支行的会计。玛格丽特正是从他这儿学会了识别车名与品牌。那么，玛丽及其儿子们到底企图从莱奥与玛格丽特的关系中获得什么好处？无外乎勒索这位年轻人做出令人难以置信的承诺——为每位家庭成员提供一辆专车。

　　1935 年起，在巴黎，殖民地的官员们会用豪华轿车接送自己的宝贝孩子，而年满 21 岁的玛格丽特正式成年了，她拥有了一个奢侈物品——一辆属于自己的汽车。多纳迪厄家庭的寄宿学校生意还不错，足以供像鹈鹕一样的母亲给留学在外的她寄更多的钱。如今大学生们的梦想——以最经济的方式与朋友结伴出行——对这位年轻女孩来说成为了现实，她在先贤祠索邦大学继续攻读法律与政治经济学位，学习热情并不高，尽管大学校长如此激励："要成为律师或经济学家，我们的学生必须付出巨大努力。窝在家里读课本或教科书……是不够的。"从周一至周六下午，玛格丽特都有课，但这似乎并未阻止她享受生活。在两次考试之间，她临时决定去诺曼底海岸旅游——1931年夏，她曾乘坐表兄保罗·朗博维尔-尼科勒的车游到此处。"那儿有美丽的色彩，有小报。"她感叹道，"在金色光芒下如银子般闪耀的绿色。花繁叶茂，金色身躯如此美丽……在那儿，我们欢快不已，你知道，所有人都轻松开怀，笑看一切……"（让·瓦利埃引用的私人日记）这已经是到了特鲁维尔，然后在隆尚、奥特伊或万塞讷过夜。1935年7月下旬，她在诺曼底的海边散步，之后又与大哥皮埃尔去了奥地利和意大利，10 月才回到巴黎。21 岁的她是名司机与领班，"在路上，我感到安全，我开得又快又好。"许久之后，她病倒了，减少了外出，那时她写道。(《物质生活》)

"只要我有车，就会享受生活。只要我能乘车兜风，能去看塞纳河、诺曼底，就会享受生活。"

1936 年 1 月，让·拉格罗莱特给玛格丽特介绍了两位朋友，他们将在她的生活中占据重要位置——乔治·博尚和罗贝尔·昂泰尔姆。四个人很少分开，直到爱情搅了局。乔治·博尚在法学院认识了让·拉格罗莱特和玛格丽特，那是未来知名商界人士（如伯纳德，弗朗索瓦·达勒），或著名政治家（如阿兰·波厄，阿兰·萨瓦日，克里斯蒂安·富歇）或博尚的密友——弗朗索瓦·密特朗——经常出入的地方。当时，他们似乎尚不熟识，只是点头之交。6 年后，战争将他们拉近。乔治·博尚曾向让·瓦利埃吐露道：“有一天，让·拉格罗莱特给我们介绍了一位朋友，他的女友，一位来自中南半岛的法国女孩，很漂亮，焕发着魅力。

显然，我们被她深深吸引；被她的美貌诱惑……她的面庞非比寻常……迷倒众生……"

罗贝尔·昂泰尔姆，比玛格丽特小一岁零三个月。他生于萨尔坦，母亲是科西嘉人。和让·拉格罗莱特一样，他的家在巴约讷。他 12 岁那年，父亲被任命为那里的专区区长，并在他高中毕业会考那年去世。从 1936 年起，他成了法律系学生，与同样出身良好的让·拉格罗莱特走得很近。但他并不像让那样住在酒店，而是住在父母在巴黎的公寓，在第六区中心的杜班街上。当时，他信奉天主教——但在德国集中营里，他将会失去信仰——智商高、严肃的他，就这样被活泼的玛格丽特迷倒：她厌倦了让的焦虑，于是搬到了肖梅尔街的膳宿公寓，然后在第十五区的圣费利西泰街租了一间小公寓，离巴斯德研究所不远。他们的关系逐渐升温，经历了思想共融与长期友谊，直到 20 世纪 70 年代晚期才分手。他的前妻在成为玛格丽特·杜拉斯后，曾在《女巫》上发表了在他看来相当残忍的文章，其中毫不避讳地描写了他从集中营回来后，重病缠身的情况，这让罗贝尔感到既受伤又失望。况且他也在自己的书《人类》中，并未把集中营里的条件描写得那么龌龊，尽管同样现实，该书于1947年出版。

玛格丽特在罗贝尔身上找到了坚实的支撑。"我过去在哪儿都是孤独的。……我在25岁时遇到了罗贝尔·昂泰尔姆，于是走出了孤独，这是场伟大的爱情，仍依存于我生命中的每一天"，她在《解放报》1992年2月27日周四刊上宣告。她的生命蹉跎了3年，才遇到时才22岁半的罗贝尔。但这并不重要，她完全信任他，这对她而言比什么都重要。在莱奥之后，这是头一个用那种成就与解救的目光凝视她的人。他尊重、宽慰并理解她。将她从童年悲哀的遗弃中真正拯救出来。虽然后来，她更能适应一定程度的孤独。但这种孤独在她眼里总与死亡相关，直到最后都无法在一起的残忍："我们死了，但从未在一起，从没有。"1981

年，她痛苦地在《外面的世界》中倾诉道，"我们活着，但从未在一起。但我们总能会面，这已经不错了。"

在这位年轻女子的眼中，罗贝尔的身上集合了一切优点，而且这些优点是那么突出（他于 1990 年先她 6 年去世）：善良、慷慨、智慧、乐观。虽然《人类》是他唯一的著作，但他文采极佳，拥有敏锐的洞察力。他对文字和思想的品位吸引了玛格丽特。他令她着迷，而且他的爱给她带来慰藉，她为了抵抗家人的攻击，认为自己既不可爱又"凶恶"。

在如此混乱的时期，罗贝尔敢于思考战争，而不是像许多人那样，选择逃避。多数人都试图否认战争，然而罗贝尔却不同，在 1938 年 9 月 30 日签订慕尼黑协定后，他便认为战争是不可避免的。他是和平主义者，但这并未阻止他反抗祖国的怯懦。他认为这个日期标志着法国从此走上了不归之路。民主国家已将捷克斯洛伐克拱手让给了希特勒，甚至还寄希望于拯救和平，在他看来，这是场灾难，他如是说道。9 月 17

日后，他在一封信中（由洛尔·阿德勒引用）向朋友解释道："当我们看到法国的新面貌时，怎能不深恶痛绝？这还是我们小时候热爱的国家？苍白、怯懦，几乎像叛徒般，一有风吹草动便躲起来。一个小国指望着我们，我们却袖手旁观。"

认识罗贝尔后，玛格丽特多半开始完善和拓宽自己的世界观。直到那时，她过的还是小资生活，更关心学习和娱乐，而不是改变历史的进程。1936 年 5 月 3 日，当法国国民阵线在第二轮议会选举中获得国民议会的多数选票时，她在做什么？一个月后，当莱昂·布鲁姆和一些女性领导人构建了新政府时呢？她是否感到高兴？可能有点，但并不会像某种女权主义者的共产党员那般狂喜。玛格丽特在与克萨维耶尔·高提埃的对谈中（《谈话者》，1974 年，午夜出版社，关于女性话题的延伸），无不是讽刺地惊呼道："人类并非强大，而是狂暴。"

1936 年 1 月，公法教授加斯东·热兹公开反对了墨索里尼在埃塞俄比亚的军事行动，他成为了右翼学生猛烈攻击的对象，尤其是法兰西行动的大学生。热兹事件一直持续到 1936 年 3 月，大学生们因此分为赞成与反对热兹的两大阵营。玛格丽特则无动于衷。完成学业并在管理部门获得好工作，才是她当下关心的。作为公务员的女儿，她估计终生都会被祖国辜负，她也并未看到 1936 年 6 月马蒂尼翁协议的惊人进步：集体大会的创立，承认工会权，带薪假期，设立每周 40 个小时的工作制。她离选择加入共产党仍然遥远。即便积极参与政治，她总是更关心个人与内在革命的关系，而非伟大政策。40 年后，她在《情人》中回顾了这个多灾多难的战时与战后时期，并将选择政治作为权宜之计："与敌合作的费尔南德斯一家，与战后两年（其实是从解放起；迪奥尼和罗贝尔到 1946 年才加入共产党）作为法国共产党员的我，是完全的、肯定的对等。我们都一样，一样的同情、呼救、缺乏判断力、迷信假说，让我们以为政治能解决个人问题。"

1938 年，玛格丽特·多纳迪厄既读布拉席拉赫的作品，也读莫拉斯、梅尔维尔和卡夫卡的作品。她的确是反法西斯的共和主义者，但更多地表现在感情上，而非行动上。中南半岛爆发的动乱，揭露了殖民当局的暴力镇压，是否令他们沮丧、忧心？以及出现端倪的反犹运动？包容并回归和平主义理想的罗贝尔正是如此，他支持捷克斯洛伐克作家协会"呼吁世界良心"的活动，并私下告诉了室友雅克·贝内，后者于 1996 年告诉了洛尔·阿德勒。在勉强完成学业后，她于 1937 学年末获得了经济学与法学学位，并未考虑攻读博士学位。母亲未曾得到的尊重与金钱，必须由她获得。同时她坚持培养生活的乐趣。因为只有乐趣才能滋养她内心的对话，从而使她成为作家，这是她始终认定的职业头衔，但她只有私下才会谈论这点。虽然这名少女多次表示自己始终没有生活的榜样，但她的母亲，当然，对她产生了很深的影响。这个孩子太爱并太支持这个女人了，以至于无法抹除她的存在。24

岁的她，仍需挣脱这种羁绊。而且 20 年后，即 1954 年，在短篇小说《树上的岁月》中，最终变得富有的雅克母亲，在中南半岛乘风起航，去巴黎看望儿子时说道：

"……孩子们过来了，很快又只剩下我一个人，生活总是艰难的，我们无法在抚养孩子的同时又随心所欲。我从很早就开始不能随性做我喜欢做的事了，直到最终完全停止，再后来，我甚至不再知道除了自己正在做的，我想要的到底是什么……"

相反，玛格丽特从没打算过被生活所困。阻止她成功的并非战争的炮火。她知道自己想要什么。也有预感，她最终基本可以得到。她很现实，清楚明白需要跨过的每一步，即使困难重重。20 世纪 40 年代后，她在笔记中写道："……在我的青春里，很大一部分投入在成为'跟其他人一样'的人，以'蒙混过关'，这给我带来了巨大的痛苦和潜在的绝望，奇怪的是，我很晚才摆脱这点。"

要变得"跟其他人一样"，就要找工作。如何成为更像为法国服务的父母那辈人的"范本"？她在殖民地部委找到了工作。当年父亲还是通过在中南半岛的关系，走后门才进去。从东京湾回到巴黎的前任上级，大概给刚大学毕业的玛格丽特提供了照顾。而且，在这之前，似乎她的母亲也远隔重洋伸出了援手——正是为了去找玛丽·勒格朗－多纳迪厄退休的必需文件（1936年7月从殖民地官员名单中移除），玛格丽特才得以涉足这个部门，并当机会到来时留在这里。她是否对副领事差一点产生感情了呢？"我突然意识到那些电影没教会我的，生活并不总是那么美好，但无疑是必需的……我进了部委，换言之，等于回到了殖民地的烂摊子里。"（《副领事》的草稿，保存于IMEC，即法国当代出版纪念协会）她从母亲身上继承的不仅是坚韧，而且充沛的工作精力。玛格丽特像玛丽·多纳迪厄一样精明认真。1937年6月9日，年芳23岁的她成了公务员。在这个年龄，她做到了财务独立，这在妇女毫无选举权的年代是罕见的。在1938

年的法律出台前，女性必须得到丈夫的许可才能工作；然而，这部法律并不会赋予女性在银行独立开户的权利。玛格丽特不仅在工作，而且更妙的是，她接近了当权者和知识分子的圈子。

殖民地部是严肃的报复，却也是糟糕的开局？在她聘用书上签名的部长曾来自法国邮电部，这位有决心重振新队伍的部长就是乔治·曼德尔。在担任乔治·克列孟梭的私人秘书期间，他非常反对大殖民者儒勒·费里的家长式政治。玛格丽特觉得中南半岛是那些背井离乡、毫无理想的白人们的太平间。因此他们瞄准的是同一个目标。他，作为部级领导；她，作为下属。拥有共同目标？大唱共和国征服殖民地的赞美之歌，以期拯救都市不堪的形象。乔治·曼德尔把玛格丽特·多纳迪厄分配到殖民地间信息与文件服务处。在试图唤醒沉睡组织结构的部长眼中，这是个战略职位。因为他认为，在毫无准备的战争中，中南半岛与非洲应成为额外宝贵的力量。玛格丽特负责以最有说服力的方式在市民广场传达乔治·曼德尔的军事策略。法国人对海外珍宝嗤之以鼻，因为他们对此知之甚少。1937 年，在托卡德罗花园举办了以"现代世界的艺术与技术"为主题的世博会，展出了希特勒德国的鹰顶巨塔和墨索里尼意大利的展厅，令观众不无欣赏与动容。另外，作为补充，还定于 1940 年 5 月举办一场活动，即法国海外省沙龙，与此同时，还要出版宣传物。为此，曼德尔指派玛格丽特与比她大 4 岁的上司菲利普·罗克合作，写一部关于殖民荣耀的翔实作品。这是本宣传工具书，旨在发起舆论运动，以稳固政治进程。为什么不？她渴望摆脱命运。作为思想宣传工作者，她在实践中发现了一些有害影响，她在开始工作时，就已准备好应对这种情况了。必须迅速写作，她知道如何做到这点。所有人都认可了她解决新技术问题的能力。她的政治与社会经济学习被证明是非常有用的。玛格丽特坚持收集经济与地理数据，例如，关于茶与香草的种植，为大都市的法国人发现了在战争时期弥足珍贵的偏远地区的资源，而且殖民地可供调动的人口众多，预计可补召 60 万新兵。

得益于和伽利玛出版社商务主管的关系，此书获得了出版合同，在法军溃退及德军入侵前几周，《法兰西帝国》于 1940 年 4 月 25 日出版，正好是她 26 岁生日过后 20 天左右，这是好学生玛格丽特的劳动成果。该部委在印刷出的 3 700 份中，购买了 3 000 份？她并不关心其中的逻辑。这个女孩首次承担的重大职责就是写书，只会被视作好兆头，尤其还是与大出版社合作，一年后她会毫不犹豫地再次联系这家出版社。诚然，这是一个印刷品，是一本与她的上司共同署名的书。此外，虽然她的公民身份已是昂泰尔姆夫人，不过在出版物上出现的仍是她娘家的姓氏。毫无疑问，为了配合本书的出版，她在《法国画报》1940 年 5 月 11 日刊上发表了文章："关于解放本地人，法国首要关注的是，永不偏离貌似其种族的自然命运……通过推广教育，我们得以在每个殖民地培养出能胜任行政职位，并在群众中宣传法国文明主旨的精英。"由于玛格丽特从不会半途而废，因此可以在这部关于时局的著作中看到她入籍巴黎的个人标记。她以某种荣誉市民的方式，推进法国的殖民帝国，对其进行描述，阐述理由，从而弥补了殖民政府因不喜欢与当地人交往过密的官员，而给其父母的微薄待遇。她的父亲难道就是因为在东京湾表现得与中学生关系过密，才在1919年从中学降到了小学（但仍是学监）？母亲则作为富有安南人的辅导教师，因为其教育方法受到了学术权威的非难，所以直到很晚才获得认可。这位身高仅 1.52 米，穿着可笑高跟鞋的娇小女子，不也对穿着白色时尚凉鞋的西贡小姐们复仇了？

后来，她想要忘记这个必经的文学之路，再也不会提及此书，并从她的作品中将其剔除。然而，玛格丽特·杜拉斯对 20 世纪 50 年代的玛格丽特·多纳迪厄讽刺又好笑的一瞥：她让《直布罗陀水手》（出版于 1952 年）的主角在出发前担任极其枯燥的殖民地工作！她对当地人的苦难、饥饿、疟疾、空瘪的肚子、新生儿的高死亡率，做了些什么？在 36 岁时，已成为共产党积极分子的她，在《抵挡太平洋的堤坝》中对此直言不讳："……这里死去了那么多的小孩，人们直接就把他们埋在稻田的污泥里，茅屋下……"她还提到了"殖民地的大吸血鬼"。在她的第 3 本小说（实际上是她的第 4 本书）出版之时，没人会将这两位玛格丽特联系在一起……的确，在此期间，战争已结束。

在部门内部，这位年轻女士在特龙谢街的殖民地间文件与信息处升职迅速。她熟谙此道，全力以赴。她热爱自己的工作，也爱着围绕在她身边的几个男人。罗贝尔于 1938 年 6 月作为二等兵应征入伍两年后，撤回到了鲁昂的部队，两人相距遥远，聚少离多。他隐约感到了焦虑，但她什么也不想知道。他知道玛格丽特的不忠，并备受折磨。当他不在时，她从不犹豫，也不会犹豫，满足自己的欲望。她在后来的《物质生活》中坦率承认道："我背叛最多的是曾经最爱的那些男人。"因此，罗贝尔有权像不羁的玛格丽特一样出轨。他在有些晚上获许回去看她，但发现她人不在。她在其他地方，如此有活力，热衷于诱惑，也如此大胆，因为她会向他求婚。

1939 年夏，大家依旧相信，这次，德军不会进入法国。而且军营里唱响着："贝当告诉将士们，放心，德军不会来！"罗贝尔就像其他人一样，肄业只为了……立即应征入伍。9 月 3 日，周日下午，战争爆发了。希特勒的军队入侵波兰后，英国，紧随法国之后，决定向德国宣战。

玛格丽特则想着与罗贝尔·昂泰尔姆的感情、智力与精神的结合合法化。到目前为止，她都满足于以中南半岛著名的"穷人"方式，和朋友们一起继续群居的习惯。她觉得这种集体生活颇具效率。《中国北方的情人》中便回顾了这点，书里的中国人解释道，他的父亲租房给穷人，便宜的房租令他们高兴，而且这些人从不会离开自己的邻居。住下来，并安定下来。玛格丽特借"孩子"（书中的女主人公）之口，表达了这种居住形式所带来的内心深处的安全感："这里的人们，从未被抛弃，他们从不孤独。他们住在街边小巷里……不要破坏穷人的习惯。一半居民睡在露天的巷子里……露天而居的确像做梦般。在一起，却又分居。"

估计是对"分居"的恐慌令玛格丽特·多纳迪厄发了封几乎命令式的电报给朋友、兄弟兼情人："想嫁给你。回巴黎！"恋爱中的罗贝尔颇为感动，甚至喜极而泣。婚姻意味着扶持与保护；即便不签署市政厅的正式文件，他也会完全履行这些职责。至于玛格丽特，生活——至少母亲的生活——已教会她实际的签名比甜言蜜语管用。1939 年 9 月 23 日上午 11 时 15 分，于新娘所在的第十五区的市政厅内举行了真正的婚礼，虽说是临时安排的。3 周前，希特勒入侵了波兰。玛格丽特和罗贝尔的结合获得了教会的祝福。有人说，玛格丽特想要当时的情人作婚礼证人。这是一场在"奇怪的战争"打响时举办的奇怪婚礼，意味着苦中有乐。法国人依然天真地唱着："我们会在齐格菲防线（相当于德方的马其诺防线）上晾衣服！"他们以为德军不会入侵。让 - 保罗·萨特也应征入伍了，他在书信中描写这种集体的麻木不仁。在战友中间，他发现，"很多人希望出现调停"。居然还想调停。

但在 1940 年春，希特勒派军攻打了丹麦、挪威、荷兰和比利时。之后便轮到了法国。6 月 6 日的闪电战让法国惨遇溃败，那天德军越过了索姆河。19 日，巴黎宣布成为不设防的城市。政府迁至图尔，乔治·曼德尔及其合作者首当其冲。玛格丽特通过汽车车窗，看着数百万的法国人拖着行李行进。她是否记得流亡的景象，还是因为冲击太大，以至于未留下任何记忆？她从不会直接写这段插曲。战争永远不是"她的"主题，但自 1957 年起，她作为临时记者而非新手记者为《法兰西观察家》写稿时，用生动的口吻描述了日常生活的场景，因为 1944 年，她在《自由人报》中获得了有关集中营的信息专栏。

在逃亡的一片混乱中，她在布里夫拉盖亚尔德的一位同事——皮埃尔·拉夫的哥哥家中避难。皮埃尔·拉夫是一位涉足巴黎文坛的年轻男子，被安排起草乔治·曼德尔的演讲。玛格丽特可能向他和他的侄女玛德莱娜倾诉过想要写作的心声。到了巴黎后，他们继续保持通信，后来，玛德莱娜将其作为素材，写成了一本书，即《玛格丽特·杜拉斯，现实的媒介》，署名玛德莱娜·阿兰，献给当时已成为作家的杜拉斯。玛格丽特在摆脱了兄弟之后，发现了"姐妹"，她们培养了友谊。在布里夫，她遇到了法律系同学，国防部的弗朗斯·布吕内尔。在返回巴黎的前一天，她们一起共进晚餐。

毫无疑问，玛格丽特随后必须与贝当一起，紧随殖民地新任部长的步伐前往维希，那时，她的丈夫有个表亲成了交通部部长，也在维希工作。这就是《副领事》的草稿中暗示的："殖民地部去了维希，我也同去……这儿比巴黎还无聊，没有本地生活。除了政府外，所有人都会利用温泉，而政府则任由占领者摆布。哦，季节！哦，城堡！我的光明大道在哪儿，我常叹道。"

也许是集体的暴力与痛苦唤醒了这位年轻女子的暴力与痛苦，它们都因她在大学时代的生活以及物质和爱情的成功而处于休眠状态。自童年时期起，她就有通过写作来远离周遭环境的特殊能力。从 8 岁起，她就开始写诗，当时她在洛特－加龙省的杜拉斯村附近度假。这是她的父亲亨利·多纳迪厄买下的产业，希望有朝一日家人们能在此团聚。亨利生命的最后时光便是在此度过的，茂盛的葡萄园令年幼的玛格丽特印象深刻。在流亡期间，沉浸在大自然里的时光或许唤醒了她过去的感觉。布里夫的土地让她忆起了多纳迪厄家在普拉提耶庄园最后一次痛苦的逗留，那次是为了变卖地产，虽然玛丽·多纳迪厄最初想委托儿子皮埃尔管理庄园，但农业带来的利润微乎其微。

亨利·多纳迪厄于 1921 年去世之后，为了获得死亡证明，证明他的确是因在殖民地感染疾病而死（患病的亨利当时没有看任何医生），从而将养老金转给遗孀，玛丽·多纳迪厄与她的 3 个孩子已在普拉提耶庄园度过了一年多的时间。但是，该计划由于没有获得继子们（亨利去世时，他们恰好在此地）的帮助而失败了。这位母亲知道无法经营好这份产业，亦无法从继子那里买回他们所占有的那部分，于是只能将其变卖……后来又以便宜的价格赎回，拍卖家具后甚至还有一些盈余。直到 1931 年，此地还保留了原貌：某种类似法国木筏的东西，一个临时住所。对这个海外家庭来说极具象征意义，至少对玛格丽特而言是这样。"请看，我为您准备了地图。"1992 年，她对《解放报》的玛丽安娜·阿尔方如是说道，并毫无顾忌地为父亲安上他从未获得过的博士头衔，"这就是我的故乡。杜拉斯，奥里阿克，阿莱芒，帕尔达扬，这是我父亲安息的地方。他是鞋匠之子。获得了数学博士学位……"

玛格丽特在《情人》中写道："父亲临死之前在

'两海之间'买了房子。这是我们唯一的家产。由于皮埃尔赌博，母亲只能将之卖了替他还债。"两海之间，是否也意旨两个母亲之间？当时——玛格丽特仅仅 16 岁——一位有野心的女教师的发财梦破灭了，波雷诺租界的土地遭到盐水倒灌，雇员们都逃走了。她将希望寄托在孩子们身上，她下定决心，皮埃尔会在法国立足。而玛格丽特，她知道这是可造之才。她借住在邻居家，因为没有家具的房子无法居住。1931 年 5 月 19 日，她卖了房子后，遗憾无法实现秘密计划了，为了不顾一切地保住土地，将女儿许配给邻居。玛格丽特并不愿参与其中，并未试图勾引这位年轻男子，当然也没忘记这个吓人的计划，她认为始作俑者是大哥——皮埃尔，因为身陷债务，所以总在找收入来源。此类联姻，令他有利可图。1992 年 2 月，玛格丽特对此直言不讳地解释："我 16 岁时回到法国，大哥想把我卖给佩克雷斯一家（她在小说《厚颜无耻的人》中，为普拉提耶庄园邻居取的称呼）。无论在哪儿，他都想把我卖掉。我毫无想要成为家人贸易对象的情结。这并未打击到我,我认为这是常事。"

"高原上几乎无风,干草的气味浮在迪奥尔牧场上。路上始终没人,莫德走得很快,陶醉于自由,尤其是这种坦荡荡的自由。这种妄想不由让自己乐了。"这个女孩在布里夫的乡下写道。她开始了第一部小说的创作——《厚颜无耻的人》。她书写内心的永恒主题:身陷财政和土地困难的恶母、爱子和弃女三人组。她要用写作破译并超越童年的不幸。

1940年秋,玛格丽特回到了巴黎,可时过境迁。人们嘴上挂着入侵,而非占领,占领一词是后来才出现的。每个人都能听到人行道上德国军靴的声音。必须适应这个看似普通的新秩序,却又令人憎恶的外国政府组织,这种情况暴露了人们的本质。玛格丽特习惯于在表面上对强权表示屈服,选择退一步,洞察形势,并沉浸在自己的世界里。下地铁后,她前往杜班街,去罗贝尔的父母家找他,罗贝尔早已退伍,他们约好在那儿碰面，她惊讶地看到空荡荡的、凄凉的街道，她是那么希望再度看到热闹的街景。幸运的是，罗贝尔既没受伤、也没被俘，法律系的同学让·拉格罗莱特和弗朗索瓦·密特朗就没那么幸运了。

1940—1941 年的冬天注定难捱，巴黎零下 12℃。必须自己想办法，用报纸增加大衣的厚度。那段时期，首都巴黎已经开始实施食物定量配给，到了 9 月粮票出现了。幸运的是，她的朋友弗朗斯·布吕内尔会收到外省的包裹，并经常邀请罗贝尔和玛格丽特一同早早地共进晚餐。从 1940 年 11 月起，午夜实行宵禁，可最后一辆地铁在 20 时 30 分就停运了。在巴黎的砖墙上，还留有政府在"奇怪的战争"中警告人民的海报："安静，敌人监视着你们！"现在，敌人招摇过市，甚至还被一些人当作朋友。

首都居民仅剩的文化生活也在德军的严格管控下。生活恢复正常后，电影便成了群众普遍焦虑的有效消遣。相比 5 年前的 2.2 亿电影观众，1941 年约达

2.25 亿。尽管资源有限，但法国电影还是摆脱了美国的竞争，继续提供优质作品。1940 年 8 月，马塞尔·帕尼奥尔继续完成《挖井人的女儿》的摄制，并于 1941 年在巴黎上映。剧院票房的上涨到了 1943 年才得以实现。但 1941 年让·德赛利首次在法兰西喜剧院登台演出，并在那里遇到了让-路易斯·巴劳特。让·马莱导演的悲剧《安德洛玛克》，因被巴黎警方视作煽动反抗运动的作品，而遭到禁演。这对玛格丽特而言，是一大损失，因为她一直热爱拉辛的语言，拉辛的音乐性，以及他推崇的绝对爱情。1941 年也是音乐会的丰收年，不管是普莱耶尔音乐厅，还是夏乐宫或周日的卢森堡公园，音乐会精彩纷呈，轮番上演。

对她而言，战争似乎是显而易见的事情，不值得作特别评论，好像这些事对她毫无影响，可以避之不谈一般。这也许是因为战争与她的童年类似吧，正如近 50 年后，她在《情人》中以简练的笔触描写了她的童年，影射了家庭内部的暴力，也影射了年幼的她

在 1915 年 6 月到 1917 年 4 月期间于洛特 – 加龙省旅途
中目睹的 1914—1918 年间的变动（父亲的调动，同父
异母的兄弟应征入伍）。法国当代出版纪念协会保留
的《情人》草稿里如是写道："我眼里的战争与童年
是一样的颜色。战争是童年记忆的一部分……在我的
生命中，我的回忆里，战争并非其本义。童年越过了
战争。战争是在我的整个童年期间必须忍受的事……"

　　但与罗贝尔一起，她终于开始了两人世界。玛格
丽特担心物资短缺，更担心自己的写作进度。8 月 20
日之后，刚刚从布里夫返回巴黎的她冲到了圣吉纳维
夫图书馆，用昂泰尔姆这个姓氏注册："住在圣费利
西泰街的女大学生。"一切都像往常一样。她的个人
经历被浩瀚的历史中断后，通过如此简单的方式便重
新发现了线索。当其他人选择缄默时，她努力写作。
就像让·盖埃诺，在这个痛苦的时期选择不发表任何
作品，而是全心撰写《黑暗年代的日记》，供以后出版。
就像马尔罗，在法国南部的自由区写作，但没有发表

任何作品（除了 1943 年在瑞士出版的作品）。此外，
同样在 1940 年秋，让·布鲁勒，也就是未来的韦科尔，
决定创建一家地下出版社，用黑市上的纸印刷——午
夜出版社。

　　同一时期，由诗人让·卡苏组织、大学教师和研
究人员组成的人类学博物馆抵抗组织，发表了油印的
地下刊物《抵抗》。让-保罗·萨特于 1941 年 3 月
获得释放后，重拾了在路易·巴斯德高中的教师工作，
同时计划与西蒙娜·德·波伏瓦、梅洛-庞蒂、多米
尼克·德桑蒂，以及雅克-洛朗·博斯特一起建立"社
会主义与自由"知识分子抵抗组织，不过，由于无法
与法国南部的共产党建立联络，且出于谨慎，该组织
最终于 10 月解散。

　　可惜，写作与戏剧已成为政治问题。然而，玛格
丽特毫不关心这一点，被阅读、被理解、被认可，才
是关键。年轻的昂泰尔姆夫妇意识到，他们不得不在
贝当元帅建立的新秩序下写作。但是！自 7 月 9 日起，

公务员必须证明自己的生父是法国本土人。几周之后，国家颁布法令，父亲是共济会成员的公务员是不受欢迎的。对于昂泰尔姆一家来说，这不是问题，玛格丽特的父亲已去世。10月3日，政府又宣布了关于犹太人的第一条法令，禁止法国的犹太公民从事公共、军事、教育、新闻、广播和电影等相关职业。10月4日，外国的犹太人开始陆续被关入博恩拉罗朗德、皮蒂维耶、雅尔若的集中营。昂泰尔姆一家对此做何感想？

随后的措施将会直接影响到他们，维希政府颁布，自1940年10月11日起，已婚妇女应留在家中，禁止从事国家或管理工作，除非丈夫无法满足家庭所需。罗贝尔正属于此列，因为10月16日他成为了巴黎警察局的书记员，这家警察局从1941年5月起，组织了对占领区的国外犹太人的首次围捕。但他只会在此处待8个月，围捕行动开始时他刚好离开。根据新规定，从9月30日起，玛格丽特被当时的外交部免去殖民部秘书一职。她失去了财政独立，但获得了宝贵时间。

杜拉斯唯恐失去自由，足智多谋的她将不得不依赖于反法西斯、反共的丈夫，但必须说，他是支持戴高乐将军的。

当时，每天的报纸都会详述有关犹太人的新法律，报道日益增加的逮捕行动，然而玛格丽特并不看报，不管丈夫身处何种地位，她都跟许多法国人一样，似乎到了解放时才发现自己的命运。尽管如此，难以忽视的是，犹太人渐渐被法国社会边缘化，人们指责和质疑他们干尽坏事。在城市的主干道上，一场题为"犹太人与法国"的展览正在进行，紧接着还将在外省展出，它展出的都是些最畸形的故事，试图影响群众的思想。犹太人的店铺外面被贴上了海报。自 1942年 5 月 29 日起，政府规定犹太人必须将黄星①（黄色代表背叛）缝在大衣上，而第一批被押到集中营的犹太人早已于同年 3 月 27 日离开法国。社会气氛凝重，

---

① 黄星，又名犹太星，是在纳粹德国统治期间，在纳粹影响下，欧洲国家内的犹太人被逼戴上的识别标记。——译者注

人们不再关注"小事"，例如，克洛德·列维-斯特劳斯被解除师范大学的研究职位后，于 1941 年春乘船前往纽约，同行的还有安德烈·布雷顿。有人远走他乡，有人惨遭逮捕，玛格丽特则感到百无聊赖。11年后，她借《直布罗陀水手》的主角之口说道："我像大家一样是战争的过来人，在普遍的焦虑与无聊中度过……另外，我并不怎么在意当时的无聊，我在很久前就体验过了……相反，我很珍视自己的自由。"（让·瓦利埃在法国当代出版纪念协会找到的草稿）"简而言之——"她补充道，"我对自己负责，我活过。"诚然，她坚持推进并追逐着内心的梦想，与自身的对话，以及个人世界的构建。当时，她还远未意识到针对犹太人的大屠杀带来的动乱。下面是她对巴黎战时气氛的唯一记录，没有日期，但语气很活泼："每周日下午的欢乐街，人们迎着太阳走在大街上。所有店铺都开了门，店外的人们和店铺里的人直接交流。女孩们沉重的双腿；男孩们的收腰西装，就这样

下去……因为这该死的战争，没有了汽油，公交线路
被取消……"珍贵的自由，被大肆剥夺……活着，对
她而言就是写作，但也意味着更多的出行。

1941 年的头几个月里，罗贝尔和玛格丽特搬进了
保罗 - 巴吕埃尔街 26 号的新公寓，离她之前住的圣
费利西泰街的学生公寓不远。第十五区始终带有一丝
乡间气息，有一两座农场，有巴黎其他地方也有的木
板路，以及有轨电车。他们家附近有家乳品厂，和一
个广场。也许这就是她在 1955 年的小说《广场》中
描写的那个广场，后来这部小说被改编成戏剧。在那
时期的一张照片上，我们可以看到他俩在罗贝尔父亲
的办公室里。他穿着一般的公务员服装，戴着眼镜；
而她，明显满足于有夫之妇的体面身份，而且对比自
己年轻、但相当般配的丈夫心满意足。分手多年后，
她仍记得对方的好："他寡言少语，聊胜数言；不提
建议，亦合他意。他就是智慧本身，却怕语出惊人。
他用心生活，非常快乐。"（罗贝尔·安泰尔姆，《〈人

类〉未出版的文集》，《随笔与证词》，伽利玛出版社，
1996 年）

关起门来，昂泰尔姆家就像别人家一样，从一个
无线电台调到另一个电台：巴黎广播电台，与敌合作
的宣传媒体——"巴黎广播电台是骗子，巴黎广播电
台是德国的口舌"，批评者高呼道。之后，还有英国
广播公司。"空气愈发凝重，令人无法呼吸。"让·盖
埃诺对他居住的巴黎第四区评论道："在巴黎的一些
区里，警察封了街道。整个区（第十一区）被搜查。
犹太人遭到逮捕，共产党被枪毙。每天早上都有威胁
我们性命的新告密函。"平民百姓没吃没喝，但这
次玛格丽特不像在中南半岛那样参与其中。尤其是在
1941 年 5 月末，24 岁的罗贝尔到工业生产部新任部
长皮埃尔·皮舍（师范大学毕业生，和罗贝尔一样是
知识分子）那里就职，后者很快便成了内政部长。玛
格丽特的丈夫是理想主义者，他的父亲作为巴约讷前
省长因斯塔维斯基事件失去了民心（1933 年 9 月爆发

了巴约讷市政府的财务丑闻，导致法国总理卡米耶·肖当辞职，并助长了反犹主义和排外主义的气焰），所以无法在父亲那里寻求慰藉。在他看来，个人秘书对部长似乎并无政治责任（1944 年，临时政府命令在阿尔及尔枪毙这位部长），因此为何要拒绝这份工作？后来，罗贝尔从维希调到了此处，该部位于蒙索街 63 号之间，征用了卡蒙多家族的豪宅（1869 年，出于对法国的热爱，在第二帝国末从伊斯坦布尔移民来的犹太家庭，该家族的最后一位代表贝阿特丽斯在 1942 年被逮捕，并于 1945 年死于奥斯威辛集中营）。一年多的时间已足够玛格丽特完成她的第一部小说，书名很简单——《塔内朗一家》。时值 1941 年 2 月，她将这本书寄给了纪德、蒙泰朗、瓦莱里的编辑，随附了这封信函："尊敬的先生，您对我的名字也许并非完全陌生，因为去年由贵社出版的《法兰西帝国》是我合著的作品。但今天我递交给您的手稿——《塔内朗一家》——与上一本书毫无瓜葛，因为那只是一本关于局势的书。我如今想发表的是小说。"

一个月后仍杳无音讯，她敢于坚持，顽强地坚信自己作品的质量。她是对的，虽然在 5 月中旬，伽利玛的审稿人雷蒙·格诺给她的答复仍是负面的，但这本书的作者引起了他的兴趣，并想约她见面。他是数学家、小说家和诗人，并在阿尔及利亚和摩洛哥服役期间开始学阿拉伯语。殖民地的经验和双重文化是否创作了他俩的共同语言？一段友谊开始了。他的建议是：继续写，坚持不懈。而且后来，她会在《乌发碧眼》上发表雷蒙·格诺对欣赏稿件艺术的见解："无论稿件好坏，我不认为稿件的绝对质量是可以判断的。而是从某个特定的角度鉴赏，即出版商的角度……于是就出现了关于稿件作者的问题——这到底是位作家、一位希望之星、或仅仅是圈外人？……但看得出稿子是出自作家、未来作家，还是业余爱好者之手。"

若不算罗贝尔和皮埃尔·拉夫等这些作为玛格丽特所信任的朋友们的鼓励，这还是她头一次听到文学

专业人士肯定她的这条职业道路。雷蒙·格诺是首个
承认其脆弱与才华的人。或许，她从中获得了继续写
作、编辑、调整的力量。1941年秋，玛格丽特怀孕了，
在这样的身体条件下，她仍汲取着这种重要的能量。
她与朋友弗朗斯·布吕内尔同时，或差不多同时怀孕。
她们的话题产生了变化。但生活仍然艰苦，食物糟糕，
暖气见少。她的母亲，玛丽·多纳迪厄，一直在西贡，
她给母亲汇了不少钱和许多袋大米，以弥补其失业，
但母女之情依旧乏陈。她们仍是陌生人，而且在该时
期，玛格丽特尤其需要母亲。无论她多么希望和梦想，
但那个女人始终无法对她表现出温柔。那种类似于密
友弗朗斯给她带来的温柔？

　　玛格丽特无法忍受罗贝尔不在身边的日子，并对
他表现得苛刻，甚至凶残。作为准妈妈，她迷失了方
向，无法在内心找到赋予新生命的底气与信心。她回
忆起第一次秘密且耻辱的怀孕，在18岁时堕胎，其
中的细节仍栩栩如生。1985年11月9日，她在《另刊》

中写道："怀孕后以为只是堕胎。可堕胎就是杀害孩子。这里，弥漫着谎言、虚伪、女性的无奈。女人们无言以对。"标志着她整个青春的不安全感又回来了，令她精神恍惚，感到惶恐。

首先临盆的是弗朗斯，玛格丽特还在待产。1942年5月15日晚，玛格丽特宫缩开始了，一切都不顺利。在邦塞库尔圣母妇产医院的分娩过程漫长而艰难。直到次日晚上生下了一个男孩子，出生后只活了半小时。人们禁止玛格丽特与婴儿的尸体有任何接触。有什么能缓解这位痛苦得发疯的母亲的撕心裂肺？因为离家近才选了这个宗教诊所，在这家医院待的12天里听到的可怜笨拙的安慰，只徒增了她的绝望。人们对她说："没关系，宝宝刚出生就走了，总比你和他产生感情后再走好！不要绝望，你还会怀上的！"在一个不眠之夜里，她求值班的修女护士让她摸摸自己的孩子，因为他就躺在附近的太平间里，她听到的回复是："您的运气真不错，我有空给他做了施洗。现在，他是个天使，会升向天堂的，他会成为你的守护天使。"
（法国当代出版纪念协会档案，散页）玛格丽特并未
从出身天主教宗族的母亲那儿获得基督教文化，她毫
无信仰，人们向她提议的领圣体仪式对她来说毫无意
义，她拒绝了。所以，人们不会给她孩子！4月，刚
刚满28岁的她想要去死，正如她生命中的多数个人
事件，这将成为未来著作的基础。30年后，她会以同
样的痛苦和真理，描述这扇向虚无敞开的门。"孩子
出来了，我们不再为一体。他独自死去……我的腹部
沉重地塌了下来，旧布、破衣服、裹尸布、石板、门、
空空如也的肚子……我就这样没了孩子，甚至还不到
一小时，不得不凭空想象一切。"（法国当代出版纪
念协会档案）《毁灭，她说》这部小说出版于1969年，
是献给迪奥尼·马斯科洛的，小说围绕着多个爱情故
事展开，其中提到忧郁的女人伊丽莎白·阿里奥纳逃
到酒店疗伤，阿丽莎问起她的悲伤事时，她答道："我
在这里是因为不堪回首的分娩经历……孩子在出生时

就死了。是个女孩。"到了后来，她还写道："我相信必须得有个孩子。没孩子是不行的，那等于忽略了世界上至少一半的人。"（《外面的世界》）1944 年，50 多名出生于奥斯威辛集中营的犹太儿童给她留下了深刻印象，并丰富了她笔下的人物——生于奥斯威辛集中营的奥蕾里娅·斯坦纳，她的母亲正是死于难产。

1942 年 5 月 28 日，玛格丽特两手空空地走出了妇产科，她和罗贝尔，这个她如此欣赏的男人，却不会一起成为父母。他的第一本书便遭到了拒绝。因为不能陪伴，再加上玛格丽特的不忠和爱情结晶的死亡，罗贝尔正和她渐行渐远，关系逐渐冷淡。如今，轮到罗贝尔不忠了。那年冬天，他不免俗套地爱上了一位同事。

　　必须要改变生活环境了。1942 年 10 月 1 日，玛格丽特和他搬到了圣伯努瓦街 5 号的 3 楼左侧，位于圣日耳曼德佩区的中心——这里在战后会替代放荡不羁的蒙帕纳斯。善于交际的玛格丽特在与朋友一同进餐时，发现了这间公寓，罗贝尔签了租赁合同。其实是在小酒馆里认识的朋友——也许就是在著名的利浦小酒馆——告诉了她，自己住的楼里很快会空出一间公寓。直到1996年3月3日过世，这里都是玛格丽特·杜拉斯在巴黎的栖身之所。

这位平易近人的邻居名叫贝蒂·布旺，1939年成了拉蒙·费尔南德斯的第二任妻子。身为文学批评家的拉蒙曾是共产党激进分子，战时成了与敌合作之人，他从1927年起就一直担任伽利玛审稿委员会委员。贝蒂在缺少温柔的玛格丽特眼中成了善良女性的化身。她将在《情人》中对此形象进行描写，该角色负责"解决缓解物资短缺、寒冷、饥饿等问题，她存在于生活的具体细节之中"。杜拉斯还赞美了她的美貌与她们二人的相似："她也是外国人……清瘦如一幅中国的水墨画，高挑的身板有如雕刻一般。"贝蒂以茶接待了德里厄·拉罗歇尔、布拉席拉赫、沙尔多纳、塞利娜、茹昂多等人，还有在德国被禁的代表作家格哈德·海勒等。她谈论文学，玛格丽特听着，却对自己也是作家的事只字未提。相识于 1943 年的亨利·米肖，将诗集《驱魔》献给了玛格丽特——"献给 M. 昂泰尔姆，同是谜一样的人物，为了友谊。"

玛格丽特·昂泰尔姆喜欢听费尔南德斯谈论巴尔扎克。她是否想象得到，1944 年 8 月，纸张监管委员会拒绝对小说《朗热公爵夫人》进行再版？ 4 月 1 日，维希政府创立了这个新机构，位于圣日耳曼大道 117 号与格雷瓜尔·德图尔街的交界处，距离圣伯努瓦街仅几步之遥。玛格丽特在 1942 年 7 月初在这里找到了工作，并一直工作到 1944 年 2 月。无须再乘地铁，也不必担心宵禁。她是通过罗贝尔的人脉才获得这份工作的，它"适合有文学抱负且符合条件的人"，传记作家让·瓦利埃解释道。皮埃尔·皮舍失势后，罗贝尔被任命为国家信息与宣传秘书处的新闻专员（1942 年 5 月—1943 年底），而且他很有可能听说了这个新委员会。这对夫妇需要钱，玛格丽特则需要户外活动。她必需改变想法才能走出抑郁。她的工作包括准备负责管理纸张短缺的委员会内部会议，虽说这是德军控制出版的方式之一，但还是交给法国人来做。每个月，委员在征询审稿人的意见后，决定出版社新书提案的命运（当然所有犹太审稿人已被除名）。当时也有许多不费纸张的出版提案。尽管在 1941—1944 年间，阅读的需求量猛增，新书一出便售罄，但限令严格。战前，每月耗 20 吨纸的出版社，到 1943 年冬，只有 500 千克的限额。1941—1944 年的出版量只有 1932 年的 60%。

昂泰尔姆夫人没有任何决策权：她只需准备每月例会。带着扎实的法律基础，她富有激情地投入了新工作，就像做其他任何事那样，而且还袭承了对经济的热爱，这对她不无裨益。每到晚上的时候，克洛德·鲁瓦总是圣伯努瓦街的常客，而且他的政治生涯比昂泰尔姆家族或弗朗索瓦·密特朗的还要活跃，他经常与法兰西行动的学生们打交道。在合作发表《战斗》前，克洛德在《我无处不在》中写道——为在右翼报纸上

刊登诗歌，我去申请纸张时，遇见了她："首先我只
看到了那双眸，其他公务员在面对如山的申请时，总
是装出一副严峻的样子，可她的神情更甚。她的眼神
中带有无尽的疑问，折射出温柔、专横、苛求。"

这些新职责对玛格丽特是有帮助的，短短几周之
内，她跑遍巴黎的各大出版社。"她想成为作家，并
尝试过加入运动。"昂泰尔姆夫妇的朋友，雅克·贝
内对让·瓦利埃说道。再三打磨《塔内朗家庭》后（由
于手稿已消失，因此看不到任何修改的痕迹），她获
得了布隆出版社的合同。毫无疑问，这份合同源于她
的固执与几次晚餐，该小说于 1943 年出版，当年她
29 岁，并重新命名为：《厚颜无耻的人》。与该书同
时出版的还有，西蒙娜·德·波伏娃的第一本小说《女
宾》，爱尔莎·特奥莱的《白马》，以及午夜出版社
秘密出版的韦科尔的《沉静如海》，还有一部抗议与
敌合作的诗集《诗人的荣耀》。

曾是拉丁区的年轻女子，现在看到了希望的曙光，

成了圣日耳曼区的作家。新工作以及这本书的出版，让她开启了新的生活。她会花上 10 年的时间来打造这种生活，比母亲修建堤坝的时间还长。她正在发起复仇。这部小说谈论得是她自己，本不应获得后来遭致的不屑，其中的诉说她从未告诉过任何人，她由此开始真正释放自己：漫长的等待，煎熬，面对无法摆脱的家人，所遭受的压迫与牺牲。早逝的父亲，迷恋长子的全能母亲，另一个较为年轻的孩子。这些对她来说都是熟悉的家庭音乐。她的新名字，玛格丽特·杜拉斯拼凑成了"莫德"——这出家庭戏的女主角，是大哥雅克仇恨与暴力的受害者，意即皮埃尔·多纳迪厄的化身。

该书封皮上的署名——题词"献给雅克·多纳迪厄"，她同父异母的哥哥——是新生命的标志：从此，玛格丽特·多纳迪厄永远成为了玛格丽特·杜拉斯。短短几年内，她将失去罗贝尔·昂泰尔姆的姓氏（1947年 4 月 24 日，他们宣布离婚），并永远不会启用另一个姓氏，而是选择了普拉提耶庄园附近村庄的名字。成为杜拉斯的她曾在 1992 年说道，那儿是她写作的摇篮，还是孩子时，她在那儿感受到了目睹死亡的强烈情感，一头水牛在巨大的痛苦中死去，一只牛角被火车生生拔掉："我好想听见它的叫声，本来次日要宰了它的。我还清楚深刻地记得那头牛的纯真，8 岁的我待在布吕内附近时，感受到了此地满满的孤独。我对它说话，尖叫，痛哭。……这就是写作的意义：很快地，我从家里搬出来。回首那时，虽然自己还未成大器，但正在朝着作家方向发展。"只有话语才能包扎内心深处的伤口，她预感到了这点，她明白了，并从此经历。

1943 年，这位作家的诞生未被小觑。她的邻居和朋友拉蒙·费尔南德斯，一位颇具影响力的著名评论家，在《全景》1943 年 5 月刊的一篇文章中，完美发掘了杜拉斯在其第一部小说中的语言活力，这也将一直是她的文风特点："当然，玛格丽特·杜拉斯女士想象着她的主人公们，并被其附身。然而她笔下的人物在当下不可复制。她在写作时，某种历史的厚重感将她和那些人物分离开来。当她在潜意识里对这些人物进行构思时，书中人物的来源便呼之欲出。……"
尽管如此，一旦历史的积淀被打破，便会发现她残忍的逃避。因此，她任由绝望与遗忘的爱汹涌而来，为了保罗，又被称作波罗，比她大两岁，但性格非常温顺的"小"哥哥。1942 年 12 月的一天，一封极短的电报——"DCD"——告知了她"小哥哥"在西贡逝世的消息。1939 年 6 月 10 日，他曾写信给她，责备她的沉默：6 年间，只有两封信是从巴黎寄往西贡的……去世后，他便在家庭的诗史中占据一席之地。她会在《阿加莎》中向他倾诉自己的爱，并在《情人》中回忆道："最初，不能理解；后来，仿佛从四面八方，从世界深处，悲痛突然汹涌而来，把我淹没，把我卷走了，我什么也不知道了，除了悲痛我已经不存在了。这是怎样的悲痛，我也不知道，是不是几个月前孩子死去带来的悲痛又重新出现，还是另一种新出现的悲痛，我不知道。现在，我相信这是另一种新的悲痛……"

当时，她与伽利玛的审稿人，迪奥尼·马斯科洛，展开了一段恋情，他们于 1942 年 11 月相识。这位极为英俊的男子仍与母亲生活在一起，而且这种情况会持续很长时间。他们在酒店幽会，她爱他的身体，他给她重新注入了活力。共同的事业使之结合，1942 年10 月，作为纸张监管委员会的秘书，在上任审稿人离职后，她让迪奥尼被聘为带薪审稿人。一场漫长纠缠的感情拉开了序幕，她同时还爱着罗贝尔，虽然他此时已成为了无法取代的弟弟。

充满激情和欲望的情人玛格丽特，是否从不接受培养平淡的爱情？她的一生都在寻求并梦想着亲密的完美爱情。第一部小说刚刚出版，她便开始写第二部了，同时保住了圣伯努瓦街的日常工作——对离职的朋友而言，这就是越南香米——她奋力工作着，同时，也孤独着。每天早上的写作成了最秘密的活动："并非从一种状态到另一种状态的转换。而是从沉睡中已存在并完成的事物中，通过有组织地反复思索，在潜意识中辨别出来。"（《物质生活》）她常征求罗贝尔与迪奥尼的意见，但忠言逆耳。"女人们不能让情人读自己写的书，"她在《写作》中评价道。她还解释，男人无法忍受这种孤独且对其残忍的创作，因为是背着他们做的，而且显得咄咄逼人。罗贝尔·昂泰尔姆是唯一的例外。写作是为了逃避？还是揭示？写作是为了澄清和理解。写作是为了剔除和驱逐生活的痛苦，在那些本应爱你和本会爱你的人面前消失。写作是为了重新创造。写作是为了弥合自己与他人之间的距离。写作还可出于经济原因，以及也许还为了快乐和乐趣。这个时期，玛格丽特或许以德利的方式写一些低俗小说。作为母亲的女儿，她常需要钱，并对缺钱存在恐惧感。《反复无常》会成为被人遗忘的作品，到最近，2008年，才被重新发现。这是其作品的专家之一，多米尼克·诺盖的发现和假设（《永远是杜拉斯》，2009 年）。他认为这部作品——1944 年由尼西亚出版社匿名出版的 120 页左右的短篇小说，讲述了短暂但美妙的出轨，无论是主题，还是文风，都完全是"杜拉斯的风格"。

在圣伯努瓦街，玛格丽特继续聆听着童年的回声，忆起了中南半岛的气味与色彩。1943 年起，她开始在学生笔记本上书写自己的回忆、印象、小说草稿，虚构与现实相互混合。29 岁的她，冷眼看生活，从而不抱怨，又凑得够近，从而可追忆，她如此重塑自己的生活，分辨晦涩的现实，将细节倾诉于纸上。这些作品被遗忘在诺夫勒堡市家中的壁橱里，然后尘封于档案中，长期不为人所知。随着记忆的流动和往复，她把自己曾遭受过的一切都记录了下来：交谈、态度、当下所感，终在她去世 10 年后，即 2006 年出版，书名为《战争笔记》。

　　1943 年起，她正是在这些笔记中起草了著名的小说——《抵挡太平洋的堤坝》，1950 年一经出版便一举成名。虽然母亲从未认可过她的天赋，反还责备她将自家的生活公之于众，她却对母亲致以崇高的敬意。1958 年 3 月，她在《法兰西观察家》的一篇文章中忆起了写作困难："不知道该如何篡改自己的故事，才能令读者置身其中，又让故事不失真实，我也想让故事不拘泥于字面，因为拘泥于字面对我来说毫无意义，我想让它超越一般的故事、某种童年和某种希望。"

若在解放前一年，住在圣伯努瓦街顶楼的费尔南德斯一家仍常去四楼做客，便会开始发现一些异样。朋友们出入此处，在此讨论、学习、思考。有一天，罗贝尔·昂泰尔姆在圣日耳曼大道碰到了老战友雅克·贝内。玛格丽特不是活动家，罗贝尔也不是实干家。他在内政部或许会救助一些犹太人并获取假证件，而且有时还帮助朋友乔治·博尚；但他从未觉得有必要或有机会真正加入反抗活动。后来，并未想过当英雄的玛格丽特·杜拉斯指出："我们不想加入抵抗运动。

在这些问题上，我很严肃。我们不是英雄。抵抗组织
找上了我们。我们是老实人，人们可以向我们倾诉。"
（《1942—1964：圣伯努瓦街团体周围》，让·马斯
科洛和让-马克·蒂里那，巴黎影像收藏馆）

　　事实上，尽管周遭发生的事件未将昂泰尔姆夫妇
卷入其中，可友谊与信任的确会让他们冒险。雅克·贝
内与弗朗索瓦·密特朗有着密切的联系，后者于 1943
年与前战俘一同组织了一场抵抗运动——战俘与集中
营犯人国民运动（MNPGD）。罗贝尔夫妇毫不犹豫
地加入了这个官方眼里的援助网络，实则是地下组织，
埃德加·莫兰也是其中一员。玛格丽特，化名勒鲁瓦
夫人，负责社会服务（为被捕的抵抗分子家人提供援
助），并决定不再拜访她的朋友，费尔南德斯一家。
她收容并安慰着那些不希望与亲敌派见面的人，与他
们讨论，并用仅有的食物为他们做饭。"圣伯努瓦街
的气氛类似于知识分子时代的俄罗斯小说，每刻都会
进出 3 个观点、5 个朋友、20 份报纸、3 句愤慨、2 出

笑话、10 本书，和一只盛着沸水的俄罗斯茶壶，"克洛德·鲁瓦描述道，他和迪奥尼·马斯科洛等人经常出入这些地方。密特朗和贝内不止一次在昂泰尔姆家中藏身。

　　1944 年 2 月，纸张监管委员会任命了新秘书。玛格丽特在离职后会做什么？还是像往常一样。她用夫姓跑到国家图书馆去注册。她所梦想的《平静的生活》开始成型。1944 年 3 月 28 日，她不费吹灰之力就与伽利玛出版社签订了第二本小说的合同。故事仍是关于 25 岁的年轻女孩（她当时已 30 岁），在乡下（杜拉斯，总是把背景切换到多尔多涅省，以此作为幌子）与父母重聚（玛格丽特的梦想），身旁还有两位男性角色，其中一位是年纪大一些的哥哥，即被谋杀的舅舅——热罗姆，另一位是有着琥珀色皮肤的弟弟——尼古拉，亦名波罗。蒂耶纳是与她两情相悦的男人，代表了罗贝尔的平静与理解，以及对迪奥尼的欲望。女主角结婚生子。这与玛格丽特无关？是的，因为，平静的生活并不适合她。此书一经伽利玛出版社出版，是否总算给她延长的青春期画上了句号？差不多了。仍需一场震撼才能令她摆脱束缚。1944 年 6 月 1 日，罗贝尔和妹妹玛丽-路易丝被盖世太保逮捕了，之后被关进了集中营。玛格丽特崩溃了，她任由自己陷入痛苦的深渊，几近疯狂的边缘。以至于，她以不惜一切代价寻找罗贝尔的踪迹为由，接受在法奸与盖世太保经常光顾的餐馆里，与逮捕自己的丈夫及其妹妹的人定期会面；她同意对他谈论自己，自己的工作，聆听他这个叛徒的话，他无止境地拖延，一次又一次，但她从未得到过有用的信息。在玛格丽特·昂泰尔姆和夏尔·德尔瓦尔之间，天平向最不可疑的一方倾斜。德尔瓦尔是个危险人物，因为"勒鲁瓦夫人"仍在继续担任联络员。这是猫捉老鼠的游戏，这里的猫并非传统意义上的——德尔瓦尔只会不时地服务于盖世太保，而且多是为了通过检举揭发致富——而老鼠，至少与之一样狡猾顽固。1945 年，夏尔·德尔瓦尔将接受审判并被处以极刑，这很大程度上归功于玛格丽特·昂泰尔姆的感人证词。

这种陷入深渊的过程，几近自我毁灭，她在迪奥尼面前毫不掩饰，他那时只是精神支柱。罗贝尔是玛格丽特的灵魂伴侣，是她深深的依恋，他的离去劈开了一道深渊。她茶饭不思，夜不能寐，只喝咖啡，甚至忘了洗澡。她担心罗贝尔已过世："在死的时候还在呼唤我的名字。他还会呼唤其他名字？"（《战争笔记》）她还写道："年轻过、天真过，夜幕降临。这是我的世界末日……临终前，我不在他身边，我不再等他。"40 年后，从这些笔记中诞生了一本书——《痛苦》，矛盾的是，这将成为她与罗贝尔·昂泰尔姆的决裂。这个男人、作家，因为她的细致描述而备受羞辱（玛格丽特 1976 年发表在《女巫》杂志上的一篇文章中写道"未死于集中营"）：他每况愈下的身体状况，并未因他的"复活"而得到补偿。毫无疑问，罗贝尔在当时与其写作产生了彻底分歧，而且这种矛盾延伸到了对方的生活方式与感觉方式上。同时他还有其他理由认为自己受到了"背叛"，1947 年，玛格丽特生下了迪奥尼的儿子。终于，她有了一个活生生的孩子。他自己则在开始找回写作的力量时，写了本关于集中营残忍暴行的书。精彩的细节，博大的精神，文笔优美的《人类》问世了。这是三方合作的成果：罗贝尔、玛格丽特、迪奥尼，这三人密不可分。1945 年，在罗贝尔归来数月后，为了让罗贝尔有事做，三人一同创办了万国出版社。由于缺少资金，这家出版社只出版了……三本书，其中就包括《人类》。

玛格丽特因此书而"被人挖掘"。她不再是无名小卒。评论家莫里斯·布朗肖（戴高乐将军的拥护者和共产党）选择在 1943 年 4 月 15 日的《辩论报》上，将《厚颜无耻的人》列为五大最具潜力的女性小说之一。"这些怏怏不乐之人的厚颜无耻，"他写道，"在于天真地对家庭之外的体面社会感到失望，并对其带有一丝不屑。在他们的厚颜无耻中，未见荣光，而在无耻的勾当中,却毫不羞愧……莫德的爱很凄凉,比其家人的例子更为忧伤。这让人不禁觉得,该女子得战胜最平庸空虚的命运。她必须放下厚颜无耻之重。她是否会成功? 有可能。”

事实上,在不到 30 岁的时候,莫德-玛格丽特就成功地“战胜了命运”。至少,她听从本能,凭借意志的力量,成功改变了原本平庸的出身。但她从未提起该时期的转化,而且她并不为之感到自豪。1943年 4 月,在自己生日后 17 天,她将《厚颜无耻的人》献给了迪奥尼·马斯科洛,她的新欢,书中的这句话看上去像自我辩解:“本书的灵感来自艰难童年时期的恐惧与愿望。”她想用这第一部小说的写作来抹去童年的阴影,正如第二部小说那样。到了 1992 年,仅在她去世前 4 年,她才会接受所有作品的再版。“非常糟糕,但最终,这本小说已写成。我再没读过。……德诺埃出版社的人曾告诉我:‘您做的一切都是徒劳,您永远无法成为作家。’”1963 年,她在《真相》杂志中讲道："在开始写作时，必须得将自己的第一部小说收进抽屉！"

将她所做的一笔勾销，换种方式继续，混淆日期与参照，时隔很久回忆，让潜意识诉说，这就是她所谓的进步。1944年，玛格丽特·昂泰尔姆挣脱了束缚自己的藩篱，秘密加入共产党——罗贝尔和迪奥尼于1946年加入——1945年罗贝尔回来后，她开始关注幸存者的世界，并意识到犹太人自1944年以来所遭受的苦难（反犹主义与集中营的现实存在仍令人难以启齿，几乎成了禁忌），玛格丽特还是20岁吗？最多16岁；然后，在接下来的几年里，她似乎深感愧疚。她对学生时代的岁月依旧保持沉默，宁愿忘掉10多年前的那位年幼的女孩，回到"原点"，仿佛战争及其写作生涯的开端只不过是人生的插曲："我16岁。很久之后，我忆起16岁那年。那时在奥斯威辛集中营。从那之后发生在我身上的，战争、孩子、爱情，一切逐渐淡忘。只剩下了犹太人。那是我无法谈及的话题。"

（《外面的世界 2》，1985 年）

　　换种说法，这意味着她仍未从寻爱之旅中获得治愈。其实，她永远都不会被治愈。"我活了 25 个年头，"玛格丽特·杜拉斯在《平静的生活》中借弗朗辛·维尔纳特之口说道："我曾经是个女孩，然后，我长大了。长到了现在那么高，今后也不会再长了。我可能已经因为几千种死亡方式中的一种而死去了，然而我还是成功地跨越了 25 年的生命。我还活着，还没有死。活到这个年纪，长成这个样子，都不是我的责任。在他人眼里，这就是我的生活。我欣然接受。"

　　无疑，她让弗朗辛，她的女主人公与化身，代她活了 20 年，并奋力大呼："若知道有朝一日我会将生命写成故事，我就会毫不犹豫地选择生命；我就会更用心地活，使之美丽而真实，令我快乐！"

1947 年，法国解放了。玛格丽特也获得了自由。这个国家平息了溃败，这个女人则挣脱了童年，她成了深谙其道的巴黎女人，立足于文坛中心。1945 年后，在夏尔·德尔瓦尔的庭审中，这位过去的国家公务员转身成了“文人”。这是珍贵的“职业作家”的标记，正是她想要的！玛格丽特·杜拉斯掳获了男人的心，借男人之力获得了成功，但有时也受过男人的罪，他们不止一次地指责她受到了美国作家福克纳或海明威的影响。

　　至于私生活，她夹在两个爱人之间，但他们仍是世上最好的朋友。玛格丽特、罗贝尔和迪奥尼形成非常规的三角关系（并非“三人同居”），他们全身投入"共产党"的战斗。这种对承诺、归属感、集体斗争的需要，从此与玛格丽特如影随形。1955 年 10 月，她和其他知识分子、艺术家们一起，成为了最早签署北非停战呼吁的人。后来，她饱含激情地参与了法国五月革命及其余波，推行女权主义，并选择创作与众不同的电影，处于制片常规的边缘。她一直对世界大事感兴趣。

这两个男人彼此尊重，以各自的方式成为"她的亲人"。罗贝尔仍是她正式的丈夫，直到 1947 年 4 月两人宣布离婚，但迪奥尼·马斯科洛才是她的孩子让——生于 1947 年 6 月 30 日——的父亲。迪奥尼经常住在圣伯努瓦街，虽然昂泰尔姆还在，而且那时另有情人，并于 1946 年底认识了未来的妻子，莫妮克·昂泰尔姆。就像罗贝尔一样，莫妮克后来一直是玛格丽特的好友。1967 年与玛格丽特分手后，迪奥尼离开了圣伯努瓦街。对玛格丽特而言，分手并非代表着疏远。他们仍会住在一起，如兄妹般。这种情况引人非议……

现在，玛格丽特终于成为了她曾定义过的那个人：爱子心切的母亲、欲求不满的爱人、原创多产的作家、积极参政的妇女，即便她不再是党员（1950 年 3 月退党）、不再定期起义、不再处于社会边缘。33 岁时，她生下了钟爱的小"乌塔"，之所以起这个绰号，是因为当儿子还小的时候，常常会被"阿乌塔"恙螨咬一身包，这在她眼里象征着翻开了新生活的篇章。这个漂亮男婴的诞生标志着她战胜了首次分娩后巨大的内疚与抑郁，也让她回想起了高中时的那次流产，以及在永隆，小玛格丽特曾恳求玛丽·多纳迪厄帮助女乞丐怀中满腹蛔虫的婴儿（不久便死去了）。她在死亡面前无能为力。后来，《副领事》一书就再现了那个无法被救活的小女孩……母子关系过于亲密——玛格丽特让孩子像她一样，重塑自己的童年——以至于几年后，迪奥尼·马斯科洛认为有必要把让送去寄宿学校读书。

为了写作，玛格丽特起得很早，她想找一份较为轻松的工作，像所有走投无路的母亲一样，她开始编写寻找珍稀鸟类的广告，能够好好照顾儿子并兼顾家务的"严肃妇女"。她的稿酬甚微，长期被法国大学瞧不起的她，在国外却更快获得了认可。这个殖民地的娇小女人，一直处于边缘，一直在寻找财路的她，就像母亲在过去那样。与出版社的关系复杂，从一个出版社换到另一个，因为觉得自己的作品未被理解或赏识，而且稿酬不够高！虽然作品的印刷量停滞不前甚至有所下跌，但她仍敢据理力争，向罗贝尔·伽利玛要钱。因为感到不满，她离开了这家出版社，去投奔其他出版社。就像离开男人那般。1957年，热罗姆·兰东成了她选定的编辑，并一直为她工作了30年，后来才换成了保罗·奥柴可夫斯基－洛朗斯。

从战时大量的笔记（2006年，P.O.L出版社与法国当代出版纪念协会合作出版）中，诞生了一些最有力的作品，它们是根据起草的故事重新加工而成的：《塔吉尼亚的小马》《抵挡太平洋的堤坝》《痛苦》《情人》……法国解放后，她的写作与生命合二为一，杜拉斯只有一个生命。可惜的是，她的作品暴露了亲友的隐私。1952年夏末，38岁的她写了《塔吉尼亚的小马》，其中描写了朋友吉列塔和埃利奥·维托里尼（书中的吉娜与埃利奥）夫妻关系的瓦解，激烈的抵抗者和意大利共产党员——以及她，萨拉-玛格丽特，当年与雅克，即迪奥尼·马斯科洛关系的瓦解。这本书销量惨淡。然而，在此之前，那本回忆了童年，或者说回忆了青春期时，母亲在柬埔寨购买土地专营权的小说，令她尝到了成功的滋味。出版于1950年的《抵挡太平洋的堤坝》，入选龚古尔文学奖，但终与大奖失之交臂。此次失利可能令这位移民地的女孩再次体验了梦想破灭之苦。童年的声音与气味，情感与喧嚣，在战争的轰隆中得以重生。她对当下充耳不闻，忘我地追溯过往，年幼的记忆汹涌而来，以期更好地超越。这次成功后，她总算挣到了钱——归功于勒内·克莱芒在1958年将之改编成了电影——并从此与古典小说决裂。处于社会边缘，孤独的体验，坚持做自己，永远不满足，这让她创造出一种新的写作欲望，这将成为她的特点。母亲曾告诉过她："并非为了做到什么，而是为了摆脱现状。"（《情人》）她的确吸取了教训，写作的刺激成了最高的激情。

1957 年，她生命及书中的男人，是记者热拉尔·雅尔洛。他相信杜拉斯的写作天赋，帮她排解儿子不在身边时的孤独，每天会与她共饮 6 升酒。她会说，自己一直在和男人喝酒——性爱与酒精如影随形——而且，很快成为最强大的自己。在 43 岁时，她明知酒精毫无慰藉，但仍继续并毫不掩饰地酗酒。

贪恋欲望，令她沉浸在新的写作冒险之中，她坚决主张："写作，并不是叙述故事。而是叙述故事的反面。是同时叙述一切。是叙述一个故事同时又叙述没有讲的这个故事。是叙述一个由于没有讲的故事而展开的故事。"（《物质生活》）她书写着困于身体的脉搏，卡于喉咙的尖叫，戛然而止的动作，蠢蠢欲

动的感情，看到远处某个身影时的悸动，不知不觉中
坠入爱河时的无动于衷，喷涌而出的破坏性的激情，
又过快消逝，缺乏真正邂逅造成的空虚，身份危机导
致幽灵般的相遇。生命被钉在了十字架上，仍在抽动；
语法遭到滥用，而且只有如此才能呼吸。《琴声如诉》
（1958 年），《劳儿之劫》（1964 年），都是新小
说风格，旨在捕捉无形，令人感受到浮现出的欲望。
词语、节奏、声音逐页膨胀。过去、现在，精确的记
忆与遗忘混为一体。小时候经常弹钢琴的玛格丽特·杜
拉斯，谱写出了令人心痛的音乐。例如，在《副领事》
中，体现在犹太情人身上的让·拉格罗莱特的疯狂，
将与抱着被蛔虫吞噬的幼女在游荡的年轻母亲（本身
还是孩子）相遇而过，还意外地从湄公河三角洲到了
加尔各答。玛格丽特从未涉足这座城市，但这个名字
的旋律令她着迷。另外，书中的人物有很多是犹太人，
她对这些人的惨痛经历后知后觉，她似乎想由此融入
这个民族，因为她也生活在阴影下，由此诞生了奥蕾

里娅·斯坦纳、劳儿、副领事……

玛格丽特·杜拉斯,完全进入她作家的身份,几乎摆脱了母亲的影子(1957年去世,享年80岁),其实从儿子出生以后,她就已经真正摆脱了母亲。她还切断了与兄长们深深的纽带:战时,皮埃尔为了跟她要钱,曾几次登门拜访,之后便从她的生活中消失了。她购置了一块土地,位于伊夫林省诺夫勒堡市,那里将成为传说中她的隐居之地,比小时候父亲的普拉提耶庄园更好,她在完全属于自己的屋里徘徊。玛格丽特正是在此处写作,招待朋友、情人,并时常下厨烹饪——她的厨艺精湛,且经常下厨——制作果酱,还拍摄电影,如《娜塔丽·格朗热》。和演员们的友谊,以及从始(由她写的剧本)至终(由她选择女演员,制片,导演)控制电影制片的兴奋,令她发现了某种形式的家庭、部落,比多纳迪厄家更富创意、更令人满足。透过摄像头创建影像,同样也是为了让她享受揭示的快乐。在镜头前呈现她所喜爱的身体、容貌,在她的宇宙中演绎和享受女人在忧郁中的诱惑之美。
那些女演员（黛芬·赛赫意、艾曼纽·丽娃、让娜·莫
罗）和男演员（迈克尔·朗斯代尔、萨米·弗雷）成
了她的好友，并和她一同开启了真正的冒险，这是一
种相互间的迷恋。当迈克尔·朗斯代尔谈起她时，仍
感到这个朋友就在身旁。

　　为了寻求从未到来的平静，她在完成一本手稿
后，接着又开始另一本。她以同样的方式酗酒，却从
未到达彼岸，她是一个依赖爱情，忧郁消沉且深爱儿
子的女人（她将孩子无尽地放大，视作天与地，这点
尤其体现在一部她与儿子让·马斯科洛共同编导的电
影中，名为《孩子们》，该影片荣获 1985 年柏林国
际电影节特殊评委奖），她描写着漫无目的地徘徊、
邂逅的绝望与渴望中交融的身体，写作是为了让人们
听见。她活着就是为了写作，而且据说她无法忍受任
何形式的批评，从 20 世纪 60 年代末，她的文风愈发
朴实无华——1970 年的《阿巴恩，萨巴娜，大卫》，

1971 年的《爱》和 1973 年的《娜塔丽·格朗热》——她的作品依旧是自身暴力的目标，依旧被海水侵吞，还有反复出现的母亲，以及那永恒的等待。

儿子让她整理的家庭照片再次成了影像，迅速触发了《情人》的写作。该书于 1984 年荣获龚古尔文学奖，这是属于男性的奖项，她如是说道。该书是法国 20 世纪的销量冠军，拥有 50 多个国家的译本，并两次搬上大屏幕。这种成功再度激发了她的创作热忱，她接着写，速度快，非常快：1982 年的《萨瓦纳海湾》和《死亡的疾病》；1985 年初具规模的《痛苦》，来自战争笔记；1985 年的《音乐之二》；1986 年的《乌发碧眼》，1987 年的《埃米莉·L.》，1987 年的《夏雨》。

1962—1993 年间，因对动乱世界的关心，她开始经常为报社工作，作序。P.O.L 出版社将这些片段分两卷出版，《外面的世界 1》与《外面的世界 2》，深刻地表达了她的热情、失望、愤怒，以及对社会细致入微地观察与立场。

步入老年，记忆中亚洲的海岸再次浮现。1991 年，《中国北方的情人》诞生了。只有在死亡面前，她才放下笔耕。1995 年的《一切结束》是她的最后一本著作，这是她向生命中最后一个男人，扬·安德烈亚倾诉的临终所想，她向扬坦露，写作无法根除任何事……她依旧会想起母亲。两年前，她在《写作》中指出："如果在动笔前，在写作前，就知道要写的是什么，就永远不会写作。因为不值得写。"

随着岁月的流逝，她功成名就，成了绝唱。她藐视批判，激起愤恨，但赢得了同样热忱的读者。1993 年，她的签名售书活动门庭若市，唯恐担心发生骚乱。

1996 年 3 月 3 日，她与世长辞。4 天后，葬礼在圣伯努瓦街附近的圣日耳曼德佩教堂举行，众人追悼。她的电影《印度之歌》，催人泪下并引人沉思。玛格丽特，这个女人走了。杜拉斯，她还活着。

年　表

1904 年

12 月 30 日，32 岁的亨利·多纳迪厄抵达中南半岛，担任嘉定师范学校校长（位于西贡郊区。法属殖民地由东京保护国－河内地区、老挝、安南、柬埔寨和西贡地区的南圻组成）。

1905 年

3 月 1 日，亨利·多纳迪厄的同事弗拉维安·奥布斯区尔与妻子玛丽（原姓勒格朗）抵达中南半岛。前者是嘉定师范学校的老师，后者是市立女校的老师，并在后来成了副校长。

10 月，亨利的第一任妻子爱丽丝·多纳迪厄和两个孩子在中南半岛与亨利团聚。

1906 年

10 月，弗拉维安·奥布斯区尔（患病）与妻子返回法国。

1908 年

10 月，玛丽·勒格朗作为奥布斯区尔的寡妇回到西贡，再次成为教师。

1909 年

5 月，爱丽丝·多纳迪厄过世，享年 32 岁。其 10 岁和 5 岁的儿子回到了法国的母方家中。

10 月 20 日，37 岁的亨利·多纳迪厄娶了第二任妻子玛丽，即奥布斯区尔留下的 33 岁的寡妇。

1910 年

9 月 7 日，皮埃尔出生。

1911 年

12 月 23 日，保罗出生。

1914 年

4 月 4 日，玛格丽特出生。

1918 年

1 月，举家北迁河内。亨利是保护国中学的主任，这是整个中南半岛最重要的教育机构，而且是东京小学教育主任。

1920 年

2 月中旬，在河内不受欢迎的亨利·多纳迪厄搬到柬埔寨金边，担任小学教育主任。半年后，家人与他团聚。玛丽·多纳迪厄任诺罗敦女子学校校长。玛格丽特将在此居住 18 个月。

1921 年

4 月 24 日，亨利·多纳迪厄离开中南半岛进行治疗。同年秋，他买下了阿莱芒迪德罗普和杜拉斯附近的普拉提耶庄园。

12 月 4 日，亨利·多纳迪厄在法国西南部的故乡过世。

1922 年

9 月 6 日，玛丽·多纳迪厄及其孩子们抵达普拉提耶庄园。玛格丽特没上学，母亲让她工作，迪福神父向她讲授教义。

1923 年

10 月 24 日，马尔芒德法院，玛丽·多纳迪厄起诉继子们，拍卖财产。她在 12 月 22 日将之重新买下，其中部分支付给雅克和让·多纳迪厄。

1924 年

6 月 5 日，玛丽·多纳迪厄及其 3 个孩子出发前往中南半岛。7 月 1 日抵岸时，她得知需留在金边，但她想回河内，因为那里没那么热。一家人住在酒店里。她只是位教师——是中南半岛资历最老的教师——受到男校校长的管理。

11月，玛丽·多纳迪厄担任南圻永隆女校校长，位于湄公河三角洲的小镇，距西贡139公里，其中多数是当地的教师。她将皮埃尔送回法国的迪福神父那里，让他跟从这位导师，并把保罗和玛格丽特留在身边，玛格丽特入读诺罗敦女子学校。保罗和玛格丽特领圣体并确认入教。玛格丽特遇到她称为"女乞丐"的女人和被她称作安娜－玛丽亚·斯塔特的殖民地官员夫人。这些人将屡次现身于其作品《印度之歌》《副领事》《劳儿之劫》之中。

1926年

玛丽为了让玛格丽特获得毕业证书，陪她到了西贡。

1927年

7月，为了保证儿子的未来，玛丽·多纳迪厄，作为地主的女儿，买下了高棉王国南部贡布省200公顷土地的专营权，这块土地位于暹罗湾（并非在太平洋岸边）。夏季，她与保罗和玛格丽特在此处度过。该种种植园距离第一个法国邮桶60公里，距离她任教的学校600公里。10月，皮埃尔·多纳迪厄回到中南半岛。

1928年

10月，玛丽·多纳迪厄被分配到沙沥担任女校校长，这里是湄公河三角洲的偏僻乡下。她让玛格丽特进入西贡的夏瑟鲁普－洛巴中学的初中部读初二（而非中专）。

共有555名法国学生，条件不错的中南半岛学生或入籍的欧亚混血儿，男女混读（与法国相反）。每逢周末，玛格丽特就会去沙沥看望母亲。在往返于沙沥与西贡之间湄公河轮渡上，她与莱奥相遇。

1931 年

2月27日，玛丽·多纳迪厄带着17岁的玛格丽特与保罗前往法国（从而中断了玛格丽特在西贡的课程学习，她本应在那儿完成高中毕业会考第一部分）。向官方提请的赴法原因是儿子皮埃尔健康状况不佳，在鸦片烟馆丑闻过后，皮埃尔于1929年被送回巴黎就读函授课程。

5月19日，普拉提耶庄园售出。

10月1日，玛格丽特以第一名的成绩考入科学学校，这是一所巴黎第十六区的付费私立学校，专于科学研究。

玛格丽特坚持记日记。

1932 年

复活节，玛格丽特住在利雪的表亲家，去诺曼底旅游。

7月，玛格丽特成功通过了高中毕业会考第一部分（殖民地的学生由于探亲假中断了学业，因此进度落后于法国学生）。她与母亲这边的表亲保罗·朗博维尔－尼科勒一起度夏，后者比她年长两岁，之后去了特鲁维尔。

9月13日，玛丽、保罗和玛格丽特重返中南半岛，皮埃尔留在了旺夫的公寓。

1933 年

7 月，玛格丽特通过了高中毕业会考哲学专业的第二部分。

10 月 3 日，她再次出发前往法国，定居巴黎。

11 月 20 日，在维克多库森街的科学院注册。

11 月 22 日，在先贤祠广场的法学院注册。

1937 年

6 月 9 日，玛格丽特刚从政治经济和公法专业毕业，就得到了殖民地部的录用。

1939 年

9 月 23 日，玛格丽特嫁给了罗贝尔·昂泰尔姆。

1940 年

5 月 3 日，《法兰西帝国》出版。

1942 年

5 月 16 日，罗贝尔与玛格丽特的孩子去世。

12 月，和母亲一同留在西贡的二哥保罗去世。

1942 年 7 月—1944 年 2 月

玛格丽特·昂泰尔姆得到纸张监管委员会聘用。

○ **1943 年**

4 月，献给"雅克·D."的《厚颜无耻的人》以玛格丽特·杜拉斯这一笔名由布隆出版社出版。同年她开始撰写《战争笔记》。

○ **1944 年**

3 月，献给母亲的《平静的生活》由伽利玛出版社出版，获得成功。

6 月 1 日，罗贝尔与妹妹玛丽-路易丝·昂泰尔姆遭到逮捕并被押至集中营。罗贝尔从弗雷斯纳被关到朗代尔桑劳教所，再到布痕瓦尔德；妹妹则被关在拉文斯布吕克，回国后便去世了。

一则匿名故事《反复无常》于第 2 季度由尼塞出版社出版，据说作者是玛格丽特·杜拉斯。玛格丽特加入了地下共产党。

○ **1945 年**

5 月 13 日，罗贝尔·昂泰尔姆从集中营归来。

○ **1946 年**

罗贝尔·昂泰尔姆开始撰写《人类》。玛格丽特接待朋友，圣伯努瓦街的"团队"：乔治·巴塔耶、弗朗西斯·蓬热、克拉拉·马尔罗、让·迪维尼奥、克洛德·鲁瓦、埃德加·莫兰和雅克·拉康。

1947 年

4 月，罗贝尔与玛格丽特·昂泰尔姆离婚。

6 月 30 日，玛格丽特与迪奥尼·马斯科洛的儿子让·马斯科洛出生，小名乌塔。

同年秋，她放弃写作《西奥多拉》，其内容将再现于《战争笔记》；并开始撰写《抵挡太平洋的堤坝》。

1949 年

12 月，玛格丽特申请退出共产党，并于 1950 年 3 月 8 日正式退党。

1950 年

1 月，玛格丽特将《抵挡太平洋的堤坝》的手稿交给伽利玛出版社；本书将参选龚古尔文学奖。

她与儿子去娘家探望，她的母亲已变得富有，并在卢瓦尔－谢尔省翁赞定居。母亲责备她将家庭生活的细节公之于众。

1953 年

普拉提耶庄园起火，被玛格丽特忽视。《塔吉尼亚的小马》出版，献给迪奥尼。她在写《树上的岁月》；母亲是书中的女主角，并给文集命了名。

1955 年

玛格丽特撰写介于小说与哲学故事之间的《广场》。

她想在迪奥尼身边取得独立，要求出版商付的预付款越来越多，但图书的销量惨淡。

10 月，她与马斯科洛、昂泰尔姆、莫里亚克、科克托、萨洛特、萨特和波伏娃等人签署了"反北非战争请愿书"。

1956 年

与迪奥尼分手，后者在圣伯努瓦街会继续生活了 11 年。

玛格丽特住在迪奥尼和罗贝尔这两位朋友与她的儿子之间。

她将改编自小说的第一部戏剧《广场》，交给了香榭丽舍工作室。

1957 年

与热拉尔·雅尔洛恋爱。

她再次进入新闻界，其实自 1944 年的抵抗运动起她就从事过这方面的工作；以笔名玛丽-约瑟夫·勒格朗在《法兰西观察家》上发表专栏，并在杂志 Constellation 上发表时尚话题的文章。

1958 年

《琴声如诉》在午夜出版社出版后，她获得了公众认可，几乎大获成功，这位作家兼戏剧导演很快成为了电影导演。阿伦·雷乃请她写一个剧本，这将成为《广

岛之恋》。勒内·克莱芒根据其小说拍摄了电影《抵
挡太平洋的堤坝》。

1959 年

玛格丽特通过《塞纳—瓦兹的高架桥》的出版回到伽利
玛出版社。住在诺夫勒。

1960 年

玛格丽特成为炙手可热的作家，当选为美第奇奖评委。
《在阿尔及利亚战争中享有不服从权利的声明》即《121
人声明》出版。

1961 年

玛格丽特与热拉尔·雅尔洛合写剧本《长别离》，伽利
玛出版社。

1963 年

玛格丽特在特鲁维尔购买了一套公寓。
在诺夫勒撰写《劳儿之劫》。
她离开了雅尔洛，独自生活。

1965 年

玛格丽特表现出赎回普拉提耶庄园的愿望，但没有后文。
戒酒康复和复发。

1966 年

2 月 22 日，雅尔洛去世。

1968 年

玛格丽特现身索邦大学。她宣布："应把所有男人扔给狗，所有，指首领、资产阶级、富商。"

1972 年

玛格丽特拍摄《毁灭，她说》。人们认为她疯了。她被视同女同性恋、女权主义。

1976—1981 年

玛格丽特拍摄了多部影片，从《薇拉·巴克斯泰尔》到《大西洋人》。

1980 年

玛格丽特宣布自己是"天才"而且无人能敌，并回归写作。她沉迷于酒精；重返新闻界。有许多读者写信给她，其中包括一名来自卡昂的哲学系学生，扬·勒梅——27 岁的他遂成为了扬·安德烈亚。

1982 年

玛格丽特为摆脱酒瘾，再次戒酒并康复。

1984 年

11 月，在儿子乌塔的建议下，玛格丽特将童年故事进行重组，在几周内写成《情人》并荣获龚古尔文学奖。

1985 年

她在《解放报》7 月 17 日刊登的一篇文章中表示了对维尔曼事件的立场（她在"崇高必然崇高"一文中指控遇害儿童的母亲），引起公众的强烈愤懑。

1988—1989 年

玛格丽特严重昏迷住院。

1990 年

罗贝尔·昂泰尔姆去世。

1995 年

《一切结束》出版，这是玛格丽特生前出版的最后一本书。

1996 年

3 月 3 日，玛格丽特在圣伯努瓦街与世长辞。

参 考 文 献

杜拉斯的作品

Les Impudents, roman, Plon, 1943, Gallimard, 1992.

La Vie tranquille, roman, Gallimard, 1944.

Un barrage contre le Pacifique, roman, Gallimard, 1950.

Le Marin de Gibraltar, roman, Gallimard, 1952.

Les Petits Chevaux de Tarquinia, roman, Gallimard, 1953.

Des journées entières dans les arbres, suivi de: *Le Boa –
Madame Dodin – Les Chantiers*, récits, Gallimard, 1954.

Le Square, roman, Gallimard, 1955.

Moderato cantabile, roman, Les Éditions de Minuit, 1958.

Les Viaducs de la Seine-et-Oise, théâtre, Gallimard, 1959.

Dix heures et demie du soir en été, roman, Gallimard, 1960.

Hiroshima mon amour, scénario et dialogues, Gallimard, 1960.

Une aussi longue absence, scénario et dialogues, en collaboration avec Gérard Jarlot, Gallimard, 1961.

L'Après-midi de Monsieur Andesmas, récit, Gallimard, 1962.

Le Ravissement de Lol V. Stein, roman, Gallimard, 1964.

Théâtre I : Les Eaux et Forêts – Le Square – La Musica, Gallimard, 1965.

Le Vice-Consul, roman, Gallimard, 1965.

L'Amante anglaise, roman, Gallimard, 1967.

L'Amante anglaise, théâtre, Cahiers du Théâtre national populaire, 1968.

Théâtre II : Suzanna Andler – Des journées entières dans les arbres – Yes, Peut-être – Le Shaga – Un homme est venu me voir, Gallimard, 1968.

Détruire, dit-elle, roman, Les Éditions de Minuit, 1969.

Abahn Sabana David, roman, Gallimard, 1970.

L'Amour, roman Gallimard, 1971.

India Song, texte, théâtre, film, Gallimard, 1973.

Les Parleuses, entretiens avec Xavière Gauthier, Les Éditions de Minuit, 1974.

Le Camion, suivi de *Entretien avec Michelle Porte*, Les Éditions de Minuit, 1977.

Les Lieux de Marguerite Duras, en collaboration avec Michelle Porte, Les Éditions de Minuit, 1977.

L'Éden-cinéma, théâtre, Mercure de France, 1977.

Le Navire night, suivi de Césarée, Les Mains négatives, Aurélia Steiner, scénarios et dialogues, Mercure de France, 1979.

Vera Baxter ou les plages de l'Atlantique, roman, Albatros, 1980.

L'Homme assis dans le couloir, récit, Les Éditions de Minuit, 1980.

L'été 80, roman, Les Éditions de Minuit, 1980.

Les Yeux verts, Cahiers du Cinéma, 1980.

Agatha, théâtre, Les Éditions de Minuit, 1981.

Outside, Albin Michel, 1981, P.O.L., 1984.

L'Homme atlantique, récit, Les Éditions de Minuit, 1982.

Savannah Bay, Les Éditions de Minuit, 1982 (1re éd.), 1983 (éd. augmentée).

La Maladie de la mort, récit, Les Éditions de Minuit, 1982.

Théâtre III : La Bête dans la jungle, d'après Henry James, adaptation de James Lord et Marguerite Duras; *Les Papiers d'Aspern*, d'après Henry James, adaptation de Marguerite Duras et Robert Antelme ; *La Danse de mort*, d'après August Strindberg, adaptation de Marguerite Duras, Gallimard, 1984.

L'Amant, roman, Les Éditions de Minuit, 1984.

La Douleur, roman, P.O.L., 1985.

La Musica Deuxième, scénario et dialogues, Gallimard, 1985.

Les Yeux bleus cheveux noirs, roman, Les Éditions de Minuit,

1986.

La Pute de la côte normande, roman, Les Éditions de Minuit, 1986.

La Vie matérielle, roman, P.O.L., 1987.

Emily L., roman, Les Éditions de Minuit, 1987.

La Pluie d'été, roman, P.O.L., 1990.

L'Amant de la Chine du Nord, roman, Gallimard, 1991.

Yann Andréa Steiner, roman, P.O.L., 1992.

Écrire, roman, Gallimard, 1993.

C'est tout, roman, P.O.L., 1995.

Théâtre IV, *Vera Baxter, L'Éden-cinéma, Le Théâtre de l'amante anglaise, Home, La Mouette*, Gallimard, 1999.

关于杜拉斯的作品

Laure Adler, *Marguerite Duras*, Gallimard, 1998.

Julia Kristeva, *Soleil noir, Dépression et mélancolie*, Gallimard, coll. « Folio Essais », 1987 (page 229 : « La maladie de la douleur: Duras »).

Dominique Noguez, *Duras, toujours*, Actes Sud, 2009.

Jean Vallier, *C'était Marguerite Duras (t.1 et 2, 1914-1945)*, Fayard, 2006.

Alain Vircondelet, *Une autre enfance*, Le Bord de l'eau, 2009.

Alain Vircondelet (texte) et Jean Mascolo (photographies inédites), *Marguerite Duras, vérité et légende*, Éditions du Chêne, 1996.

关于该时期的作品

书 籍

Robert Antelme, *L'Espèce humaine*, Gallimard, coll. « Tel », 1957.

Berthe Auroy, *Jours de guerre, Ma vie sous l'occupation*, Bayard, 2008.

Jean-Louis Besson, *Paris Rutabaga, Souvenirs d'enfance, 1939-1945*, Bayard, 1995.

Philippe Burrin, *La France à l'heure allemande 1940-1944*, Seuil, 1995.

Marcel Carné, *La Vie à belles dents*, Jean-Pierre Ollivier, 1975.

Stéphanie Corcy, *La Vie culturelle sous l'occupation*, Perrin, 2005.

Joseph Roth, *Une heure avant la fin du monde*, Liana Levi, coll. « Piccolo », 2003.

文 章

« La Brune de la Dordogne », *Libération* du jeudi 27 février 1992, interview accordée à Marianne Alphant.

Marianne Payot, « Duras, Écrire, dit-elle », *L'Express* du 21 décembre 2006.

节 目

Véronique Daniel (écriture et interprétation), *Marguerite Duras, La musique du désir*, présenté au festival d'Avignon en 2009 par le Théâtre du Nord.

致·谢

本书献给

菲利普、让－克里斯托夫·加缪、

吕西安、安妮、若埃勒·蒂亚诺－穆萨菲尔

特别感谢

法国国家科学研究院研究中心主任玛丽－伊丽莎

白·迪克勒和《痛苦》的越南语译者高氏端·博瓦

松对本书的关注。

"他们的 20 岁"书系

由本社编者特邀上海万墨轩图书有限公司

闫青华联合策划